英语语言教育与阅读能力培养

臧淑耿　李俊玲　肖　燕　著

哈尔滨出版社
HARBIN PUBLISHING HOUSE

图书在版编目（CIP）数据

英语语言教育与阅读能力培养 / 臧淑耿，李俊玲，
肖燕著 . -- 哈尔滨 : 哈尔滨出版社 , 2024.5
ISBN 978-7-5484-7926-0

Ⅰ . ①英… Ⅱ . ①臧… ②李… ③肖… Ⅲ . ①英语课
—教学研究—小学 Ⅳ . ① G623.312

中国国家版本馆 CIP 数据核字 (2024) 第 102682 号

书　　名：**英语语言教育与阅读能力培养**
YINGYU YUYAN JIAOYU YU YUEDU NENGLI PEIYANG

作　　者：臧淑耿　李俊玲　肖　燕　著
责任编辑：张艳鑫
装帧设计：青　青

出版发行：哈尔滨出版社（Harbin Publishing House）
社　　址：哈尔滨市香坊区泰山路 82-9 号　　邮编：150090
经　　销：全国新华书店
印　　刷：廊坊市海涛印刷有限公司
网　　址：www.hrbcbs.com
E-mail：hrbcbs@yeah.net
编辑版权热线：（0451）87900271　　87900272

开　　本：787mm×1092mm　1/16　印张：11.75　字数：208 千字
版　　次：2024 年 5 月第 1 版
印　　次：2025 年 1 月第 1 次印刷
书　　号：ISBN 978-7-5484-7926-0
定　　价：78.00 元

凡购本社图书发现印装错误，请与本社印制部联系调换。
服务热线：（0451）87900279

前　言

在当今全球化的世界中，英语作为一种全球性的交流工具，其重要性不言而喻。对于学生来说，掌握英语不仅有助于学术研究，更有助于职业发展。而阅读能力的培养是英语语言教育的核心之一，它不仅有助于提升学生的语言技能，还能培养他们的思考能力、理解能力和分析能力。

英语语言教育是培养学生掌握英语这一全球性交流工具的关键途径。通过系统的英语教育，学生可以学习到英语的语法、词汇和表达方式，提高他们的英语听说读写能力。这对于学生未来的学术研究、职业发展以及全球化背景下的交流都至关重要。

阅读能力的培养是英语语言教育的核心之一。通过阅读，学生可以扩大词汇量，提高理解能力，增强对不同文化背景的理解。阅读还能帮助学生获取新的知识，培养他们的思考能力和分析能力。首先，阅读有助于扩大词汇量。通过阅读各种类型的文章，学生可以接触到许多新的词汇和表达方式，从而丰富他们的词汇库。其次，阅读有助于提高理解能力。通过阅读，学生可以锻炼他们的理解能力，理解句子的深层含义，理解作者的观点和态度。最后，阅读有助于增强对不同文化背景的理解。通过阅读各种类型的书籍和文章，学生可以了解不同的文化背景，拓宽他们的视野，增强跨文化交流的能力。

总的来说，英语语言教育与阅读能力的培养是相辅相成的。通过系统的英语语言教育，学生可以掌握英语的语法、词汇和表达方式，提高他们的英语听说读写能力。而阅读能力的培养则有助于提高学生的理解能力、思考能力和分析能力，同时扩大他们的词汇量，增强他们对不同文化背景的理解。为了有效地培养阅读能力，学生和教师需要共同努力，老师提供适当的引导和帮助，提供适当的阅读材料，给予反馈和指导，并定期进行阅读分享和讨论。只有这样，才能真正实现英语语言教育与阅读能力培养的有机结合，为学生的未来发展打下坚实的基础。

本书围绕"英语语言教育与阅读能力培养"这一主题，由浅入深地阐述了英语教学、我国基础教育本土英语教学法，系统地论述了小学英语词汇教学、语音教学、阅读教学、对话教学、阅读教学模式设计，深入探究了初中英语听说能力的培养、阅读能力的培养、写作能力的培养、自主学习能力的培养、英语学习兴趣的培养，以期为读者理解与践行英语语言教育与阅读能力培养提供有价值的参考和借鉴。本书内容翔实、条理清晰、逻辑合理，兼具理论性与实践性，适用于工作在一线的中小学英语教师。

目　录

第一章 英语教学与英语课程综述

第一节 英语教学概述

一、英语教学的主要特点

（一）英语教学形式增多

英语教学形式呈现多样化的发展趋势，分类指导的教学理念日益突出，被很多英语教师推广和使用，教学模式和形式的创新，推动了英语教学的革新发展，英语教学的多样化特征日益突出。

（二）英语教学内容不断优化

在教育改革的背景下，高校对英语教学内容进行合理设计，覆盖的教学内容更加丰富。在必修课的基础上，适当地增加一些选修课程，在增强学生语言应用能力的基础上，积极探索能够增强学生英语技能的有效方法。

（三）英语教学方法更加丰富

在科学技术水平不断提高的背景下，英语教师也应该做到与时俱进，不断学习和掌握现代教育工具的使用方法，将其融入日常课堂教学中，增加一些能激发学生学习兴趣的教学元素，探索更加高效的教学模式，比如，翻转课堂。能够积极满足信息化与英语教学融合发展的需求，注重英语教学思维创新，合理优化教学内容。

（四）英语教育者迎来新的挑战

新时期背景下，英语教育者面临着新的挑战，不仅要有扎实的专业教学能力，还需要在教学研究方面取得一定的成绩。从教学能力上来看，英语教师具备的能力体现在以下几个方面：首先，具有丰富的英语专业理论知识；其次，可以灵活使用各种英语技能；再次，能够有效调整教学方法；最后，重视教学思维的优化。除此之外，英语教师还需要重视学生英语核心素养的培养，在教学过程中制订合理的训练计划。从自身出发，不断积累英语专业知识和技能，提高教学质量水平。

二、英语教学的基本原则

（一）以学生为中心的原则

在教学分析的过程中，教师要始终把学生的需求放在首位，做到以人为本，因材施教。可以从以下三个方面理解：

1.教材解析

教师在进行教材解析的过程中，需要考虑学生真实的学情，再进行合理调整，突出学生的中心地位。这要求教师在讲解基本教材内容的过程中，根据学生的需求和能力来制订教学计划，从而更好地达成培养目标。

2.教学方法与手段的选择

教师在选择教学手段和方法的时候，也需要坚持做到以学生为中心。教师只有把学生放在重要位置，考虑学生的真实学习需求，才能制订合理的教学计划，帮助学生培养良好的思维，通过合理的问题导入，选择合适的教学方法，激发学生的学习兴趣，帮助学生培养自主探究学习的良好习惯，增强学生在学习方面的主动性。从教学手段上看，可以选择模型工具、图片工具等进行辅助教学，帮助学生集中注意力，从而达到更好的教学效果。

3.教学活动的设计和组织

教师在设计和组织教学活动过程中，要做到以学生为中心，考虑学生的活动实践需求，促进学生的全面发展。在具体实施过程中，教师要对学生的兴趣爱好、学习能力等情况进行掌握，丰富教学活动，以不同的形式开展活动，激发学生的学习兴趣，加强教师与学生之间的互动交流，更高效地达成教学目标。

（二）兴趣性的原则

对英语教师而言，在教学活动中应该遵循兴趣性原则，也就是不能盲目地向学生传输英语知识，更重要的是培养学生对英语这门学科的兴趣，只有在兴趣的激励下，学生才能坚持下去，从而达到事半功倍的效果。学生只有对英语感兴趣，喜欢英语课堂氛围，才能以更加轻松愉悦的心态投入英语学习中，在获取知识的过程中，感受乐趣。教师应该做到以下几点：

（1）教师对学生真实的学习情况有一个详细了解，不能把学习成绩作为唯一的评判标准，学生在整个学习过程中占据学习主体的地位，教师应该对此有一个正确认知，关注学生的全面发展，尽可能满足学生的学习需求，每个学生都是独立的个体，不能以教师个人的标准来要求学生。

（2）学习有技巧和方法，不能一味地要求学生死记硬背，尤其是英语学科的学习，学生在掌握规范性知识内容的基础上，还应该掌握语言应用的技能和方法。教师应该引导学生掌握正确的学习方法，能更高效地掌握相关知识点，达到更好的学习效果。

（3）教师还应该重视与学生之间的互动交流，不同学生有不同的性格，学习能力方面也存在差异，教师应该做到一视同仁，平等地与学生进行沟通交流，及时掌握学生的学习情况，与学生建立相互信任的良好关系。

（4）教材内容的深度挖掘可以帮助教师更高效地开展教学活动，教师只有在了解教材整体内容的基础上，才能合理地筛选教学素材，与教学内容巧妙地结合起来，激发学生的学习兴趣，增强学生的学习动机，营造良好的课堂氛围。

（三）输入优先的原则

要遵循输入优先的原则，所谓的输入就是学生通过听读的方式来学习英语资料。而输出则是学生通过说和写来应用英语。教师在教学中，要做到输入优先，具体从以下几个方面落实：

（1）教师可以选择一些多元化的形式来呈现教学内容，比如，图片、音频、幻灯片等，可以把所学的知识非常直观地呈现在学生面前，很好地刺激学生的感官系统，从而激发学生对英语学习的兴趣，有助于他们学习效率的提高。

（2）教师在教学过程中，需要进行有意识的训练，帮助学生增强理解能力，把重点放在学生英语阅读能力和听力能力的提高上，让学生对所学资料内容有一个全面了解。

（3）在英语输入能力培养的基础上，教师要及时检查学生的学习情况，根据学生存在的问题和不足，有针对性地给学生讲解和辅导，帮助学生增强语言输入能力。

（4）教师应该合理地创设情境，鼓励学生在情境中进行角色扮演，从而掌握学习运用技巧和方法。除此之外，教师还要鼓励学生表达自己的想法，多多提供展示机会。

（四）语用真实的原则

对于教师而言，还需要遵循语用真实的原则，具体做到以下几点：

（1）教师需要明确语用的核心目的，英语教师开展的教学活动，最关键的是帮助学生增强语用能力，可以在实践中灵活应用。

（2）从教学内容上看，要确保语用真实，除了从语用角度进行英语教学外，教师还应该深入剖析教材内容，合理选择真实例句，制订合理的训练计划，提高学生英语应用能力。

（3）在英语教学活动中，教师需要做到语用真实，帮助学生增强英语应用能力的同时，灵活地选择不同的训练方式，把课堂教学和实践学习结合起来，增强学生语用能力。

（4）教师在教学检测的过程中，也要确保语用真实，能够让学生对真实语用含义有一个正确了解，帮助学生增强语用能力。所以，教师需要在教学中，积极遵循语用真实原则。

（五）过程、效率和结果融合的原则

学科教育教学不仅能够增长文化知识，而且有利于人文精神的形成。英语学科比较特殊，教学主要目的是帮助学生增强在真实语境中运用英语语言的能力，让中国人对国外文化有一个深入了解。英语教学不仅仅是提高学生的英语素质，更为重要的是让学生形成良好的人文素养。

在英语教学过程中，教师要遵循过程、效率和结果融合的原则，也就是说，教师不能把英语成绩作为衡量学生学习情况的唯一标准，还要考虑学生的整个学习过程和效率高低，帮助学生提高投入产出比，要求在教学考评的时候，不仅要考虑到教学效果，而且还应该培养学生个性，使其拥有独立的人格，形成良好的精神风貌，不断增强创新创造能力。

第二节 我国基础教育本土英语教学法

一、中国本土英语教学法的内涵

自清朝末年开始外语人才培养至今，中国英语教学已有一百五十多年的历史。当前中国英语基础教育的规模、人数和范围已位居全球首位。根据一些学者的划分，我国英语教学存在两种类型或方式，即英语教学法本土化和中国本土英语教学法。

英语教学法本土化是指西方英语教学法在我国英语教学理论和实践中的应用，与我国特有的文化传统相结合，相互取其精华，最后演变成中国教学法的变化发展过程。这一教学法主要建立在清末为培养外语人才而吸收西方教学法的基础之上，并非"本土"教学法，究其实质只是对西方教学法的改造。

本土英语教学法指由英语教学工作者传承和吸收中国优秀传统教育理念与精华首创的现代英语教学法，它具备以下要素：

第一，它是本国独有而西方所无的英语教学法，并在中国基础教育中首次使用。我国本土英语教学法有其从萌芽到形成的自我内部演变过程，绝不是西方某种教学法的翻版。即使我国本土英语教学法也借鉴西方一些学科如哲学、语言学、心理学、教育学等理论，但无法在西方某些具体的英语教学法中找到原型。

第二，它将我国英语教学实际和传统文化精髓相结合，是带有本国文化烙印的本土英语教学法。在传承我国五千多年的教育精粹如"慎思"和"习性"等的基础上，根据我国母语化语境、教学思想及语文教学理论及实践情况，在不同阶段的国情和学情基础上诞生了我国本土的教学法。根据以上标准，本文将对中华人民共和国成立以来由中国英语研究工作者和一线教师所创立的教学法进行简要介绍和评述。

二、中华人民共和国成立以来我国本土英语教学法

长期以来，我国英语教学主要从西方教学流派和相关理论中引介教学方法，在研发属于自己英语教学法的工作上略显不足，而且我国英语学者所做的开创性工作也经常遭到忽视，甚至是批判。但我国仍有少数学者积极在教学实践中尝试运用我国传统教育思想和语文教学理念，形成了具有本土特色的英语教学法。中华人民共和国成立以来我国形成的特色鲜明的本土英语教学法主要包括：上海

市外语特级教师张思中的"十六字外语教学法"、著名外语教育家张正东的外语"立体化教学法"、中国著名英语教学法专家马承的英语"三位一体教学法"和国际英语外语教师协会（IATEFL）中国分会会长，国家基础教育实验中心、外语教育研究中心秘书长，通化市政协副主席包天仁的英语"四位一体教学法"。

（一）张思中"十六字外语教学法"

张思中"十六字外语教学法"是指"适当集中，反复循环，阅读原著，因材施教"。这十六结合起来有利于学生树立"心理优势"，也有利于提高学生英语学习成绩。

张思中"十六字外语教学法"不仅有助于提高外语学习者的语言技能，而且有助于培养他们的自主学习能力和跨文化交际能力。

1.适当集中

张思中老师提出的"适当集中"理念，是指时间上分为超前集中、随机集中、综合集中；内容上分为纵向集中、横向集中，是将学习内容适当集中起来，以强化记忆和理解。这种方法有助于学习者在短时间内掌握大量词汇和语法知识，提高学习效率。通过集中学习，学习者可以在有限的时间内掌握更多的语言知识，为进一步的语言应用打下坚实的基础。

2.反复循环

"反复循环"是张思中教学法的另一个重要原则，指用各种记忆和循环方法，强化记忆；它强调在学习过程中不断重复和循环已学过的知识，以加深记忆和理解。这种方法有助于学习者巩固所学知识，避免遗忘，同时也有助于培养他们的语言运用能力。通过反复循环，学习者可以在实际应用中不断加深对语言的理解和掌握。

3.阅读原著

"阅读原著"是张思中教学法的重要组成部分。阅读原著是指在课下进行原著阅读，补充课堂教学，它鼓励学习者通过阅读原汁原味的英语文章和书籍，提高自己的阅读能力和语感。这种方法有助于培养学习者的跨文化交际能力，使他们能够更好地理解和使用外语。同时，通过阅读原著，学习者还可以扩大词汇量，提高自己的语言表达能力和写作水平。

4.因材施教

"因材施教"是张思中教学法的核心理念之一。因材施教，是指详细分析不同类型学习者的心理，给出相对应的教学指导，并结合课堂教学和学生实际情况，提出个体差异处理法和群体差异处理法，真正实现了本土化教学。它强调根据学习者的不同水平和需求，采用不同的教学方法和材料。这种方法有助于提高学习者的学习兴趣和自信心，使他们能够更好地适应不同的学习环境和方法。同时，因材施教也有助于培养学习者的自主学习能力，使他们能够在没有教师指导的情况下独立学习和进步。

综上所述，张思中"十六字外语教学法"是一种高效且实用的教学方法。它通过适当集中、反复循环、阅读原著和因材施教等方法，帮助外语学习者提高语言技能和自主学习能力。这种教学方法不仅适用于英语学习者，也适用于其他外语的学习者。当然，每个学习者的学习特点和需求都是不同的，因此在实际应用中，教师和家长应该根据学习者的具体情况灵活调整教学方法和材料。同时，学习者也应该积极配合，不断尝试新的学习方法，以提高自己的语言技能和跨文化交际能力。

（二）张正东外语"立体化教学法"

张正东外语"立体化教学法"立足"大胆构建，小心验证"，形成了内含学生、目的语、教学环境、经济和跨国文化五要素的开放式系统教学法[①]。以阶段教学模式和课堂教学模式为总模式，构建多种具体教学模式（如表1-1所示）。教师主要运用裁缝、滚雪球、发酵、迂回和反刍等教学技巧，通过阅读引导全面训练，使学生能够学得外语；同时培养学生自学能力，以习得辅助学得学会外语[②]。

表1-1 张正东外语"立体化教学法"操作总模式

教学模式	教学内容及活动	主要方法	教育目的
培养自学能力	拼读、书写能力和语法知识理解能力 熟读为讲解语法提供例证的极少篇章	集中教学，听读为主 借助翻译和情景背诵	严谨的工作作风和学习习惯
精通基本语言材料	熟读和实际使用日常会话 精读很少课文，作为发展言语技能的基点，犹如酵母	认识语言材料的内部关系，意义记忆；朗读表演	培养自信心

[①] 张正东. 张正东英语教育自选集 [M]. 北京：外语教学与研究出版社，2007.

[②] 张正东. 外语教学技巧巧论 [M]. 北京：科学出版社，2002.

取得言语技能	粗读较多的课文篇章以及学过的课文 循环记忆全部生词 用目的语组织教学与运用日常会话相结合 结合精读的写作训练	整体着眼 交换重复 学用结合 分散巩固 大量输入	培养创造能力、推理能力和辩证唯物主义的世界观
形成运用能力	大量泛读学过的课文和补充读物 结合精读过的材料灵活运用日常会话 100句书写、应用文和短文写作三结合	不求其解 用中求成 逐渐准确 自由读译	树立社会主义核心价值观和信念
发挥个体学习潜能	泛读高年级课文 读、译相当于或低于精读材料难度的读物	个别指导 小组互助	培养自学能力

（三）马承英语"三位一体"教学法

马承英语"三位一体教学法"由直呼式韵律英语教学法，字母、音素、音标三位一体教学法和词汇、语法、阅读三位一体教学法组成，形成了整体教学法模式。直呼式韵律英语教学法和字母、音素、音标三位一体教学法，都主张运用语文教学理论和汉语习得的规律来学习英语字母、因素和音标[①]。着重教授音素音，应先辅后元，先闭后元，先易后难，由近至远，运用掐头法、去尾法和汉语对照学习法等教学技巧，最后形成"音不离调，词不离句，句不离章"三部曲。

词汇、语法、阅读三位一体教学法努力通过词汇编码、提前记忆、语法精略结合、阅读贯穿于词汇与语法教学中等教学模式，使教学工作平衡有序地进行。

（四）包天仁英语"四位一体教学法"

包天仁英语"四位一体教学法"是由起初的中高考英语复习教学法相继产生的"四位一体课堂教学法""四位一体平时复习方法""四位一体课外操作体系学习策略"和"四位一体教学法的教学模式"构成了完整的"四位一体教学法体系"。"四位一体教学法"遵循循序渐进、阶段侧重、精讲精练、五技并举的教学原则，调整"五技"的顺序为读、听、写、说、译，尤其是翻译不能忽视，重视对学生"双基"（基础知识和基本技能）的培养，基础知识的掌握通过基本技能的检验，基本技能的培养和形成依靠使用基本知识，两者互相

---

① 马承.低年级新型小学英语教学模式探讨：直呼式韵律英语教学法 [J].人民教育，2001（3）：41-42.

作用，相互联系。

三、中华人民共和国成立以来本土英语教学法评析

（一）中华人民共和国成立以来的本土英语教学法中内含的传统教育思想

中华人民共和国成立以来的本土英语教学法不仅在其形成过程和实践上是国内本土首创，而且对于中国传统教学精粹的吸纳继承也体现了本土这一特点。中国传统教学思想的精华以儒家思想为代表，有"教学相长"的教学原则论、"启发诱导"的教学方法论、"因材施教"教学主体论、"知行合一"的教学过程论等。中华人民共和国成立以来的本土英语教学法都内含了"育人""成人"的教学目的；在教学实施上体现了"师生"之间的关系，教师教学的同时要不断反思自己的不足，提高自己的教学技能；针对不同学情，找到恰当的引导方式，因材施教。

张思中"十六字外语教学法"的"适当集中、反复循环"教学原则；张正东外语"立体化教学法"推崇的"大量输入、不求甚解、运用沟通、逐渐准确"的学习方法；包天仁英语"四位一体教学法"的"循序渐进、阶段侧重"的教学模式，都正是中国传统教学中所蕴含的"经典背诵、反复操练"等教学理念在英语教学中的实施、运用和发展。马承英语"三位一体教学法"倡导以学生阶段和学习目标为出发点进行教学设计，包天仁英语"四位一体教学法"中"自主学习、纠错、监督"的教学模式，正是"启发诱导"和"因材施教"的糅合使用。

（二）中华人民共和国成立以来的本土英语教学法的理论思想

中华人民共和国成立以来的本土英语教学法，吸纳哲学、语言学、心理学和教育学等学科思想理念，逐渐形成了自己的理论体系，为整个基础英语的教学提供了丰厚的理论依据。

1.中华人民共和国成立以来的本土英语教学法体现了系统论的运用

张思中"十六字外语教学法"认为在教材和教学这一整体中，应按照语言内部规则系统安排词汇、语法、阅读和写作的教学，使学生不仅能够获得语言知识而且提高语言运用技能。张正东外语"立体化教学法"认为中国外语教学是一个由学生、目的语、教学环境为三维，以经济发展为底，以跨国文化为顶的立体化系统，所有研究和教学都将纳入这个系统。马承英语"三位一体教学法"由三

个子系统构成，每个子系统都是一个独立的三位一体，但是三个子系统又紧密联系，共同组成完整的大系统。包天仁英语"四位一体教学法"中用金字塔图解释不同方面的"四位一体"，所有构架都由四方面要素构成金字塔，内容涉及理论阐释、课堂教学模式、教学效果等多方面，自下而上，保障教学系统顺利进行。

2.中华人民共和国成立以来的本土英语教学法形成了自身的理论

张思中"十六字外语教学法"要求教学内容要按照语言规则、目的语与母语的区别与联系来安排；张正东外语"立体化教学法"全面考虑学情，从国情出发，形成了具有本土特色的辩证教学理论，并将外语习得论发展到基础教学中，学生按照自己的情况控制学得的知识；马承英语"三位一体教学法"提出"外语教学的系统论"，努力用系统论的整体性、有序性和动态平衡性研究教学内容的最佳组合；包天仁英语"四位一体教学法"用素质教育论、语言素养论和语言知识能力论来指导课上课下教学和复习。

3.本土英语教学法还将个体学习心理学和教育理论纳入理论探讨

张思中"十六字外语教学法"追求树立学生的心理优势；张正东外语"立体化教学法"将教学主体转移到学生；马承英语"三位一体教学法"结合低年级阶段学生乐学易学等学习心理，将学习内容与母语结合，降低学习难度；包天仁英语"四位一体教学法"重视学生的情感态度和自信心的影响，认为其作用与教学密不可分。这些教学理念都是对心理学和教育学理论的结合使用。

（三）中华人民共和国成立以来的本土英语教学法的教学体系

中华人民共和国成立以来的本土英语教学法体系都是在系统观指导下建构教学模式，把辩证唯物主义哲学观和传统的教学思想观平衡协调，进而确立教学原则、设计操作模式和安排教学步骤。张思中"十六字外语教学法"以"适当集中、反复循环、阅读原著、因材施教"的教学原则指导教学，新阶段学习开始前要先集中学习为以后学习奠定一定基础，课内集中教学重难点，课外阅读和小组活动作为补充，真正做到教学理论和实践的统一。张正东外语"立体化教学法"实行"优化纳入，分层输出"教学模式，是"自学为主、听读先行，精泛倒置、知集技循、整体多变、用中渐准"的教学总原则的体现。同时这一教学原则和其理论基础也是相呼应的，"自学为主"是人本主义学生主体观的体现；"听读先行、精泛倒置"是该法重视输入和学得理论的运用；"知集技循、整体多变、用中渐准"是整体教学和语言动态论的体现。马承英语"三位一体教学法"在"整体统筹、多位综合、智力教学、效率当先"的原则上，在实际教学操作中要"循多位、导智学"。包天仁英语"四位一体教学法"是一种提倡语言输入、注重语言知识、聚焦语言形式、提高语言技能、培养语言素养、领悟语言环境的外语教学，真正做到了语言知识和语言运用相结合。操作体系有"分阶段、固双基"的特点，这同样以"循序渐进、阶段侧重、精讲精练、五技并举"的教学原则为指导。

四、中华人民共和国成立以来的本土英语教学法的教学策略

中华人民共和国成立以来的本土英语教学法不仅有完备的教学体系，而且也拥有多元的教学策略和学习方法。在"继承、吸收、创新、坚持"的指导下，张思中创造性提出教学三大策略（从无序到有序策略、分散难点与各个击破策略、增加输入数量与提高输出质量的策略）与十大教育方法（导向法、循环法、军训法、形象法、观察法、分析法、联想法、筛选法、演绎法、辩证法）贯穿于"十六字教学法"中。张正东外语"立体化教学法"中对教学方法和技巧有详细的论述，以便教师能够各取所需。教学方法主要通过创新和翻新两种方式进行，无论是创造自己独特的方法，还是运用十大翻新之法（翻方式之新、翻组合之新、翻功能之新、翻范围之新、翻生成之新、翻由教到学之新、翻激发兴趣之新、翻设备利用之新、翻扬长避短之新）都是"教学有法，教无定法"的写照。马承英语"三位一体教学法"将学习策略和学习方法创造性地整合，在母语正迁移性学习中发明音素学习的掐头法、词汇的编码学习；统筹英语学习、跳跃性学习和程序性学习等策略中使词汇、阅读和语法同步进行。包天仁英语"四位一体教学法"将教学策略和学习方法相结合，教师在培养学生自主学习能力的同时，纠正知识错误并监控学习进度，只起指导监督作用。

五、中华人民共和国成立以来的本土英语教学法的研究方法

以上四种教学法在"反思学习—理性思考—实践探索—理论升华—实验推广"的形成过程中，积累了丰富的实验研究方法。张思中"十六字外语教学法"经历了三个发展阶段：第一阶段是张思中扫盲教学和个人自学大学俄语的个人反思和学习；第二阶段是个体实验、局部推广，搜集大量数据，初步形成"十六字外语教学法"的理性思考和实践探索；第三阶段是完善理论并全国推广的成熟阶段。三个阶段将实验法、个体抽样等定量法和观察法、调查法等定性分析结合

在一起，构建了完整的教学体系。外语"立体化教学法"是张正东教授凭借着其扎实的西方外语教学法的理论涵养，审视外国语言教学法在我国教学使用中的优缺点，提出理论假设，建立课题并试验，运用行为研究法和比较研究法等提炼出系统的外语立体化教学法的教学观点、教学模式和教学技巧，最后推广到多所学校。马承英语"三位一体教学法"将课堂观察法、理论思辨法、试验法等运用到教学反思中，不断探索创新，最后推广至全国。科学研究方法如试验与观察、科学抽象和协同论等也被运用到包天仁英语"四位一体教学法"整个研究过程中。

六、中国本土英语教学法的发展展望

中国英语教学应根据本国国情和学情，研究出适合本国实际情况的英语教学法，让外语教学不只停留在西方教学法的移植和改造上，而是要形成中国本土的英语教学法体系。中华人民共和国成立以来的本土英语教学法无论是作为个体还是整体，其理论贡献不仅促进了本土创新意识的崛起，也使我国英语教学体系更加健全；其实践价值对于基础教育的试验和改革、英语教材的编写和师资力量的培训都做出了不可磨灭的贡献。

但在中华人民共和国成立以来的本土英语教学法研究工作中还存在一定的不足，如其理论体系还未形成鲜明的流派，研究人员缺乏等，所以应加强英语本土教学的实验研究，重视提升教学法理论，不断健全研究队伍，坚持营造本土研究文化环境，从而推动我国本土英语教学法研究的不断深入。

第二章 小学英语词汇教学

第一节 小学英语词汇教学的目标及内容

一、小学英语词汇教学的目标

英语词汇教学是小学英语教学中的重中之重，词汇学习是否扎实直接影响着英语的口语表达、话语书写，乃至整体的英语水平。英国语言学家威尔金斯（D. Wilkins）说过，"Without grammar, very little can be conveyed；without vocabulary, nothing can be conveyed."充分说明了词汇在交际中的重要性。词汇学习不只是学习单词的音、形、义，更重要的是能在听、说、读、写的活动中对所学的单词加以应用。词汇教学是以词汇为教学内容、以词汇的理解和应用为教学目标的教学活动。

小学的起始阶段，对于刚接触英语词汇的小学生来说，英语有可能会与汉语的拼音混淆，记忆单词可能有些障碍，缺乏掌握单词的兴趣，影响阅读，词汇的认知出错严重程度要远大于语法出错。所以英语词汇教学要从学生认知特点出发，确定合理的目标，遵循科学的原则，采用高效的教学方法和策略。

小学生毕业时需要掌握的英语词汇为二级标准规定的600～700个单词和50个左右的习惯用语，能够听出所读单词并识别指认实物，能够根据拼读规律正确读出单词，能够正确书写单词，能够运用学过的单词阅读意群段落。

小学英语词汇教学目标主要是：运用词汇是学习词汇的目标之一；帮助学生记忆词汇并让学生掌握记忆词汇的方法；运用形成性评价来评价学生掌握单词的情况；注重常用单词的搭配、辨析和文化内涵的教学。

二、小学英语词汇教学的内容

（一）单词的意义

单词的意义主要是指概念意义和引申意义。一般查阅英汉词典，单词后面所标注的就是单词所有的中文含义，某些单词含有引申意义，词典中也会标出。引申含义通常在某些特定的句子中具有特定的含义，也就是词汇的内涵。单词的意义要以语境为出发点，不同的语境下有多种含义。比如Let sleeping dogs lie，字面的含义是让睡着的狗躺着，在特定语境中表示警告对方不要冒可能引发不好局面的风险，不要惹是生非的意思；dog's breakfast，字面意思是狗的早餐，其实是杂乱无章、乱成一团的意思。所以词汇教学不能脱离语境，语境在词汇教学中的重要性不言而喻。

（二）词汇信息

词汇的信息不仅包括词性、前后缀、词的拼写和发音等，还包括词法，如名词的可数与不可数，动词分为及物动词和不及物动词，以及形容词、副词的位置等，同一单词由于词性的不同，单词的用法也不同。

（三）词汇的用法

词汇的用法包括词汇的习语、短语、搭配、风格、语域等。所谓语域就是词汇有正式和非正式之分，褒义和贬义之分，抽象和具体之分。正式词汇大多用于教科书或者书面表达，非正式词汇大多用于口头表达，如mum常用于口头用语，而mother用于书面语或正式场合。所以词汇信息主要靠记忆来学习，而词汇用法则是需要大量的实际运用来掌握。

（四）词汇策略

根据小学英语词汇的特点，词汇策略有词汇锚策略和词图搭配策略。词汇锚策略就是指以已学单词为"锚"，基于已学单词学习新单词。词图搭配策略就是运用图片和单词匹配的方式，教授单词，以图联系单词，从而学习新单词。教师在课堂上可以多制作一些图片教具，作为直观可视的教授单词的工具。

第二节　小学英语词汇教学的原则

一、词汇教学要贯彻直观性原则

小学英语教材中，词汇较少，几乎全是活用词汇。具体地说，是一些常见常用的、可与直接观察到的事物相联系的名词、动词、形容词和人称代词。如：表示周围事物的table，chair等；表示常见动作的walk，run，stand等；表示人称的I，you，he，she，they等；表示事物外在特征的big，small，round，thin，fat等；表示颜色的red，yellow，blue等；表示人的感觉的cold，hot，cool等；表示人对事物评价的good，excellent等。小学英语教材大多是生动活泼的口语，有许多形象直观的插图。这样，在小学英语词汇教学中我们可设计各种各样的语言环境，把枯燥的词汇用直观的形式展现出来。带领学生置身其中，吸引学生的注意力，激发他们学习英语的兴趣，促使学生运用英语把客观事物联系起来。

比如，运用色彩鲜明的图片，形象生动的语言以及实物、音像、模型、标本、简笔画等形象性教具来教授英语单词，符合小学生好奇心强、兴趣浓厚和形象思维较发达的特点，能充分调动学生多种感官的参与，使他们在看得见、听得到、摸得着的教学过程中学习单词，发展思维，培养能力，刺激记忆。

词汇的直观教具的选用有以下三方面：

（1）实物直观。

运用实物直观呈现语言项目就要求教师注意就地取材，利用教室的环境，提前准备物品。

（2）形象直观。

主要指运用模型、图片、卡片、简笔画、电教设备等模拟实物的形象来呈现语言项目。

（3）言语、动作直观。

主要指教师运用听、说、唱、做、演、画的才能，通过生动的语言、良好的表情、形象化的动作，吸引学生注意力，并把学生带入活动中，识记语言项目。

二、词汇教学要贯彻情景性原则

词汇的教学，不是孤立的，应做到词不离句、句不离段，设置情景，借助上下文来教授词汇。根据教材的内容，千方百计地创设语言环境，使学生置身于一定的语言情景之中，生动活泼地进行多种语言练习，始终贯彻听、说、做的原则，以适应小学生活泼好动、模仿力强、记忆力好、听觉灵敏等特点。在情景中教单词，不但可帮助学生理解词义、加强记忆，而且有助于学生把所学单词在交际中恰当地使用。

在创设情景时要避免重形式、轻效果的做法，要不断研究少年儿童的成长特点，在小学的不同阶段所创设的语言情景应有所不同，使教学有声有色，有动有静，有层次感，有愉快感，引导学生记住语言知识。另外，在情景教学中融入游戏教学，也是小学英语词汇教学的一种好形式。我们常用的创设情景教词汇的方法有：

（1）用情景录音教单词。

如有位教师教noise（噪声）时，放了上课前所录学生互相讲话声、十字路口的喇叭声、叫卖声等，学生听过录音后，教师向学生提问：

T：What do you hear?

S：噪声。（由此引出英文单词noise）

T：Some students，cars and other things made the great noise，didn't they?

S：Yes，they did.

（2）用情景对话教单词。

如：教excuse时，教师与一位学生先做示范对话，然后让学生两个一组做pair work来模仿记忆单词。

T：Excuse me. May I use your book?

S：Yes，here you are.

T：Excuse me. Can you help me?

S：Yes. My pleasure.

（3）用情景造句教单词。

教师可创设文字情景（教师先给出文字情景，再让学生根据要求改编）或动作情景，由教师示范，学生模仿。

（4）用配插图、做动作、说童谣、唱儿歌、做游戏、列图表、找谐音等愉快活动创设情景教单词。

此类情景创设活动意在在愉快的气氛中提高学生的识记、保持、再认和再现效果。

三、词汇教学要贯彻对比性原则

小学英语词汇中有大量的词汇都有与其意义相对应的词，通过对比、对照的方式把学生容易混淆的词以及内容上联系密切的那些成对的概念找出来，加强单词的识记。根据神经系统的对称规律，当两种性质不同的语言材料同时出现时，会促进大脑皮层的相互诱导，强化"记忆痕迹"，活跃思维活动，形成对比联想，提高单词的认知和记忆效率。小学英语词汇中可用来对比的主要有以下几种形式：

（1）同义词：big—large，small—little。

（2）反义词：tall—short，thin—fat。

（3）对应词：father—son，mother—father。

（4）同音词：son—sun，too—two。

进行这类对比教小学英语词汇时，与其他原则一样都可采用一些直观、形象、生动的方法来对比教学。比如，可用实物对比大小、方圆，也可用简笔画来对比词义、解释词义。

四、词汇教学要贯彻重复性原则

记忆是以识记、保持、再认和回忆的方式对经验的反映。比如，小学生学习了"car"这个词，要反复地读其音，看其形，练习书写和在各种活动中运用这个词并理解词义，这就是对"car"这个词的识记和保持的过程。以后，儿童看见"car"这个词时，能认出它，这就是再认。如果能够默写出"car"，这就是回忆。识记、保持、再认和回忆是彼此紧密联系的完整过程。在教完学生识记英语单词之后，必须进行保持、再认和回忆，而完成这一过程的最好方法便是重复，反复练习。根据艾宾浩斯（Ebbinghaus Hermann）的遗忘曲线规律：遗忘的进程是不均衡的，在识记后最初的一段时间遗忘得比较快，而后逐渐变慢。因此，在小学英语词汇教学中，要针对人类识记的规律，针对小学生记忆力好，但学得快也忘得快的特点，教师在教完识记单词后，要尽早复习，让学过的单词有计划、系统地复现在教学活动中，提高单词的重复出现率，达到巩固记忆的效果。

五、词汇教学要贯彻听说领先的原则

词汇教学一般采取听、说、读、写的先后顺序。首先是通过"听"来获得信息，让词汇先以声音的形式直接作用于学生的听觉。学生在听懂的基础上反复"说"，以加深印象，强化记忆。如教师先出示单词的读音，让学生听后回答关于该词的一些问题，或让他们进行一些口、笔头模仿练习。

六、词汇教学要贯彻认读为主的原则

词汇教学要以听、说领先，读写跟上，而读写是建立在认读基础上的，没有认读就谈不上读写。因此，词汇教学首先要解决的是读音和拼写的问题。这就要求教师在教新词时，首先应训练学生听词辨音的能力，如把字母音拉长，打乱顺序让学生辨认，或放录音让他们辨听，从而掌握正确的读音。其次要引导学生观察词形，根据读音写出单词，对那些拼写相近的词还要不断提醒，区别对待。教师示范后让学生多次认读，培养学生的"语感"。让学生结合以前学过的发音规律或构词规则进一步扫除语音障碍，并能通过单词之间的内在联系培养学生的拼读能力，系统地掌握字母及字母组合的发音规则。当然这也并不是一件简单的事情，需要教师耐心地辅导和学生反复地实践。

七、词汇教学要贯彻训练多样性的原则

词汇教学要求教师通过多种方式来操练新词和复习旧词。操练时可根据实际情况选择不同的方式进行。如：教师可用直观的教具或动作进行示范；也可用图片、卡片、实物等辅助教学；还可利用多媒体教学手段；另外还可以通过问答、对话、角色表演等活动来操练新词和复习旧词。这样既可以激发学生的学习兴趣，又可提高课堂教学效率。同时要注意操练时应尽量结合语境，使抽象的词语在上下文中生动起来，学生记忆起来也就容易多了。

八、词汇教学要贯彻突出重点兼顾一般的原则

课堂教学时间很短，这就要求教师不能眉毛胡子一把抓，应该"因材施教"。要把主要精力放在目标要求的重难点上，先抓最重要的词（当然这并非要排斥非重点词），先扫清这些词的词义和读音；用较多的时间去处理重点词语所构成的句子；以新引旧、以旧带新；将新词在一定范围内予以联系；要有所侧重地反复操练这些重要的词语和句子。同时也要兼顾其他一些非重点词语的教学。当然对于那些与学生学习生活密切相关又是本课新授单词中的重点部分（如人名、地名、职业等），应给予足够的重视。对于其他非重点部分可让学生自行学习或由教师略加讲解即可。

九、词汇教学要贯彻学用结合的原则

学用结合就是把词汇与句型、对话、课文等结合起来进行教学。学是为了用，单纯的词汇学习不利于培养学生的语言运用能力。因此教师要在平时教学中加强学生的口语训练和写作训练，把所学的新词用到实际中去。如在学习了有关购物的新词后可组织学生进行购物游戏活动；在学习了有关运动的新词后可组织学生进行一些小型运动会等。另外教师还可以鼓励学生自己造句或编写对话进行

练习，这样不仅可以帮助学生巩固所学的新词，而且还可以提高学生的学习兴趣和自信心。同时教师还应要求学生平时通过多阅读课外书报、多听录音、多说英语等途径来丰富语言素材。总之学习语言就是为了交际。学习词汇更是如此，教师应当注意及时引导学生将所学单词与适当的语境联系起来，同时不断拓展教学内容和方式，让学生有目的地查找课外资料，巩固并学会使用某些新词汇或习语，让学生创造性地使用所学的语言知识。这样既培养了学生的自学能力，又激发了学生的学习兴趣和积极性。

十、词汇系统性、联系性原则

每一个单词都是单一的个体，但是不同单词之间具有很多的联系，我们用汉语说的"好像""可能""重要"等一些词语在英语中都有不同的表现形式，且每一个词汇由于使用语境、使用口气的不同还会有不同的意思，因此，教师在教学过程中就应该遵循系统性、联系性的原则，通过一个词为学生讲授更多的英语单词，使学生能够在想起一个词的时候，想起教师讲授过的与它意思相近、意思相反、程度不同、与它相关的词，从而扩大了学生英语词汇体系，为学生后期学习打好基础。

例如，在小学英语中，教师在讲授"can"这一单词时，就应该很好地遵循词汇系统性、联系性原则，教师就可以为学生讲授"able""be able to""could""capable"等词汇，使学生掌握到更多英语单词，从而能够更好地将上述词汇应用到真实语境中。

十一、词汇量与学生记忆质量并重原则

由于小学生对英语知识掌握有限，自身的学生能力又相对较差，因此，在教学过程中，小学英语教师应该始终坚持词汇量与学生记忆质量并重的原则，不能仅仅为学生讲授英语词汇而不管学生实际英语学习情况，因此这就要求小学英语教师做好以下几方面工作：一是及时测评学生对英语单词的掌握和理解情况，对学生不理解的词汇要及时为学生讲解。二是重视课堂教学过程中与学生的沟通，通过沟通能够有效提高学生注意力，使学生加深对英语单词的记忆，从而提高小学英语词汇教学质量，保证学生学习到更多的单词。

例如，在讲授小学英语colours一课时，教师应该及时考查学生对于颜色英语单词的掌握情况，当学生出现对于某个颜色词汇不清楚的情况，要及时再为学生

讲授一遍。

十二、借助真实情景教学原则

要想让学生更好地学习英语单词，教师在讲授过程中就要始终坚持借助真实情景进行教学的原则。小学生年龄通常在6~12岁，该阶段的学生理解能力相对较弱，特别是对学习一门没有接触过的外语来说，学生在学习小学英语单词时具有更大的难度，为了使学生能够加深对英语词汇的理解，在小学教学过程中，教师可以借助学生学习的日常环境，为学生讲授一些他们在日常生活中就能够接触到的物品的英语词汇，在借助真实情景的基础上，使学生一看到此生活情境就能够想起教师讲授过的单词，从而提高词汇教学效率。

例如，在讲授小学英语*food and drink*一课时，教师可以为学生创设日常吃饭的情景，让学生能够通过真实情景掌握到与食物和饮品相关的词汇，提高学生英语水平。

十三、引导学生多次复习原则

通过多次复习能够有效加深学生对英语单词的记忆，使学生在使用单词进行造句的过程中能够在脑海中快速搜索出相关单词，因此在小学英语词汇教学中，教师就要充分发挥自身的主导作用，同时让学生发挥出学习主体作用，坚持引导学生进行多次复习的原则，使学生能够更好地掌握教师讲授的词汇。使用此原则时，教师要注意以下几方面：一是多角度引导复习，在学生复习过程中，要多举例子让学生从多角度加深对该单词的记忆；二是增加新鲜词汇，使学生能够在复习的过程中学习到更多的单词，从而增加学生所掌握的词汇量。

总而言之，要想让学生接受到更好的英语教育，教师在开展教学的过程中，就要重视词汇本身具有的系统性、联系性，使学生能够将词汇联系起来，从而提高小学生英语水平，同时还要坚持词汇量与学生记忆质量并重、借助真实情景进行教学、引导学生多次复习的原则，有效提高小学英语教学质量。

第三节　小学英语词汇教学的方法

词汇教学一方面要与语音教学、语法教学、句型教学、课文教学和情景教学相结合，另一方面，要在听、说、读、写四项技能中体现出来，充分利用这些教学活动来精讲多练，巩固记忆，使学生在大量的实践活动中掌握、运用英语单词。

不同的教师在教学词汇时会采用不同的方法，但不管采用什么样的方法，大都围绕着呈现单词—操练巩固单词—复习单词的步骤，开展各种活动教授单词。在小学英语词汇教学中，需注意以下几点：

（1）利用实物呈现单词。

（2）利用简笔画、图片、地图、模型、多媒体等直观教具来开展教学活动。

（3）利用模仿和形态动作来教单词，如刷牙、打乒乓球等。

（4）利用同义词、反义词来解释单词。

（5）利用上、下词义来解释单词。

（6）利用母语对个别专有名词或抽象名词进行简明翻译。

（7）创设情景，利用童谣、歌曲、游戏教单词。

（8）利用可能出现的错误和容易混淆的词来教单词。

对少年儿童来说，教单词最好通过图画、实物动作或童谣歌曲，因为单词的意义实实在在，直截了当，让儿童明白这些单词的意义，然后在上下文中学习并反复运用。下面介绍用实物教单词、用图画教单词、用动作教单词、用语境教单词及用童谣教单词等，通过这几个方面具体探讨小学英语词汇教学的方法。

一、直观教学法

直观教学法主要是通过实物、图片、手势、动作、表情等使学生建立形象思维，可大大提高记忆效果，这也是最常用的一种教学手段。

（一）利用实物进行教学

小学英语中涉及的内容主要是单词、短语、句型等，比较直观。英语教师应根据小学生的年龄特点，将实物等直观教具引进课堂，以此激发学生学习的兴趣。此外，运用直观的教学手段可大幅度提高学生的兴奋度，使学生集中注意力，有效增强教学效果。

呈现单词最直接的方法之一是把这个单词所代表的实物带到课堂上。比如，教postcard，ruler，pen，pencil，ball，教师就可事先准备好这些单词所代表的实物，在课堂上拿起或指着这些事物说出英文单词，学生重复。然后教师再用这个词套用句型，组成句子。学生掌握了这个词和套用句型之后，还可进行扩展，如指出实物的位置，练习其他单词和句型。用实物法，借助直观教学手段能动员各种感觉器官来感知和认识客观现象，从而帮助理解，加深记忆。无论是教师的讲解或是进行某种能力训练都应尽可能地发挥视觉、听觉、声动觉等多方面的协同作用，使学生在语言和实物、情景之间建立直接的联系，以发展学生的言语能力。如：教apple一词时，拿出实物苹果，说："This is an apple.Read after me，apple."这样先不讲它的发音方法和音素组成，而是反复领读apple的读音，让学生跟读，接着教师问道："What's this in English？"学生就会脱口而出："It's an apple."此时，教师一边从书包里拿出其他苹果，一边让学生分别说出："two apples，three apples，four apples…."学生在不知不觉中，不仅学会apple一词，而且又把有关的单词复习了一遍。然后趁热打铁，启发学生用"apple"一词组成句子，学生非常想尝试，把"apple"套用到以前学过的句型中，比如："The apple is small. The apple is red. I like apples."这样可以帮助学生建立词、音和义之间的联系，加强记忆的效果。

（二）利用挂图、简笔画、课件等多媒体手段进行词汇教学

小的实物可以带到课堂辅助教学，但对于大的实物和没有现有的实物又该怎么办呢？方法之一便是使用图画。图画是展示形象，发展言语、思维、记忆和想象的主要手段。用图画情境，实际上就是把课文内容形象化，课文插图、特意绘制的挂图、剪贴画和简笔画都可以用来再现物体，创设情境。其中剪贴画和简笔画更简单易行，适合小学英语教学。图画可以用来解释词义，如：教师可以通过使用图片，直接在黑板上画简笔画来描述一些像watermelon，pumpkin这样一些概念，也可以用来描述像plane，train等概念。

用图画辅助教学前，教师要根据教学内容和学生年龄特点恰当地选择和准备好各种图例做直观教具。在运用图画时，教师要配合讲解或谈话，引导学生运用画面所提示的或所展示的内容来辅助语言教学。教师要注意展现适时，应当在使用时才展出图片和直观教具，不要过早地把教具拿出来，否则，会分散学生的注意力，削弱新奇感，降低兴趣。画简笔画时要做到简、快、像，可用寥寥几笔表达丰富的语言信息和概念，这样既活跃了课堂气氛，也利于教师把握课堂秩序，活动多而不乱，适应了少年儿童的心理需要。也可将教材内容用简笔画、符号和文字组成一幅图示，使学生感知强烈，激发兴趣，提高形象思维能力。

使用图画教单词有以下的方法：

（1）让学生看图回忆上节课所学的单词，用英语会话的形式巩固旧知识。

（2）出示图片、简笔画，学习新单词。

（3）教师指图示范，让学生模仿。

（4）教师指图，让学生自己根据图示用英语自由发问，邻座回答或采用师生间问答操练。

（5）听音指图。

（6）听音画图。

（7）看图说话，看图写作。

（三）用动作教单词

兴趣对学习很重要，尤其是对小学生学习英语来说更为重要。对没有真实或缺乏真实语言环境的中国小学生来说，不重视对他们学习英语兴趣的培养，就没法调动他们学习的积极性和主动性。在小学英语课堂上，除了使用实物、图画、简笔画等直观教具，还可以用亲切自然的教态、适当的手势、动作和表情进行教学，这样既可以避免用汉语解释英语，又可创造出一种有利于培养学生语感的语言环境。例如：

教smile时面带微笑；教surprise时做惊奇状；教happy时做拍手、轻跳状；教catch时做用手抓握的动作；教breathe时做深呼吸状。教stop时运用学生所熟悉的篮球裁判员常用的暂停动作，左手手心向下，右手食指竖直顶左掌心。教disappointed时，右手轻轻一摆，头稍下垂眉头微皱，伴着轻声叹气，表现失望状；教sleep时，双手掌合并，轻放在右肩上，头微微侧向右边，做睡觉状。教telephone时，左手中间三指弯曲握合，大小指伸直，做连接耳和嘴的动作打电话；教bird fly时两手做飞行状，身体轻摆；教fish swim时，两手合并，伸向前做鱼游状。教elephant walk时弯腰，身体向前微拢，左手轻捏鼻子，右手松弛，垂直向下随两脚前后移动，左右来回摆动，模仿大象走路的笨拙状。

学生在教师的动作和表情中完成领会上述单词的意思。在上课前，教师要注意观察，琢磨一系列手势和动作，注意模仿一些动作的主要特征。讲课时，领着学生一边做动作，一边讲英语。小学生模仿能力强，兴趣浓厚，愿意跟着教师一边做一边说。这样可逐步引导学生脱离课本，摆脱母语的影响，在玩、乐、做中学会新单词。在教英语动词时，也可用全身反应法（total physical response,

TPR）或teacher says来练习动词，这是较常用的两种儿童学习英语的动作活动，特别是在儿童不能进行语言输出之前，可以通过动作来表现儿童对输入的语言的理解是否达到内化的程度。这些活动都是根据所学内容来复习或呈现新单词，教师可根据复习或学习内容设计各种TPR活动，包括学生跟随歌曲、诗歌和韵句做动作，用动作表演故事，用动作表演两人活动或小组活动，用动作做游戏，听口令做动作等。一般都是教师先示范，学生模仿做，即先接受再表达，先示范后练习：①教师通过风趣的表演和解释为连锁动作设置场景；②教师说一个指令，做两次动作，学生和教师一起做动作，教师重复指令，让单个或全班学生做动作；③教师停止示范，给出指令让全班或单个学生做动作；④教师打乱练习内容的顺序，给出指令，学生做动作若干次，同时教师注意每次逐渐加快速度。

二、创造情景法

轻松愉快地创设语言环境、结合上下文设置情景的教学体现了小学英语教学的特点，符合基础教育的性质和小学生的成长规律，突出了小学英语教育的科学性。在给小学生上英语课时，一定要根据他们的年龄特点和英语知识水平，避免成人化，必须把单词教学与语言情境结合起来开展有趣的教学，在充满语言气氛的环境中才能学得轻松，记得容易。教师应尽量设置一些模拟的、相对真实的语言情景，让学生在这种语言情景中学习单词，形象地记忆单词。

教师教词汇时应尽量避免单调地直接板书单词到黑板上教学生认读，要努力地创造情景，用创造情景法进行词汇教学，把学生置于情景中学习掌握单词。如教学地点名词（如hospital，station，cinema）时，教师可预先把地点名词分别简单地画在卡片或纸上，同时写上单词，上课时指定几个学生上台拿着。教师说："I want to go to Beijing. Where must I go？"等，引导学生说出生词station等，同时请拿着相应单词的画的学生向前跨步展现该词的词形、词义。或者教师设计一个情景，把两组间的过道当作街道，那些拿着画的学生为车站、医院等地点，引导学生在这一特定情景里把单词套入特定的句型中反复练习，直至能灵活运用为止。

三、对比教学法

词汇教学的对比教学法可分为三种：一种是近（同）义词对比，一种是反义（相对）词对比，还有同音（异形）词对比。同义词对比：英语中大量的词汇都有与其意义相同或相近的词。利用同（近）义词代换或对比的方法讲授词汇是教学中常用的一种方法，如glad–happy，enjoy–like等，可帮助学生"温故而知新"。反义（相对）词对比：对比反义词或相对词有助于学生在学习过程中有联系地记忆。如high—short，tall—short，"Now the shop is open. It isn't closed." 或 "It is not very cold. It is warm." 这样的对比不仅便于熟记，还能使单词在句中一目了然，帮助学生准确地运用。同音异形词对比：教师在教生词时，可让学生把以前学过的同音词板书出来。如no—know，week—weak等，区别这些词书写和意义上的不同，并分别用这些词造句，促使学生深刻记忆，牢固掌握生词的读音、词性、意义、拼写。

四、词汇归类法

随着学生词汇量的增加，教师可根据单词按照一定的范畴进行组织、归类，帮助学生发现记忆规律，利用词汇组织法帮助学生记忆单词。归类组织法，即根据同类关系来将单词归类，教师先提出一个概括词，让学生将学过的属于这一类的词归集起来。如"fruit：apple，banana，pear"等。这样的归类使分散的单词集中起来，便于联想和回忆。接近组织法，即根据接近联想的原理，将两个以上在空间和时间上很接近的印象联系在一起，这样只要想出一个，便会联想和回忆出与之接近的一种印象来。如想到天体，就会想到star，sun，earth，moon，进而想到plane，spaceship，再联想到astronaut，airman，spaceman，等等。

五、英汉释义法

这种方法包含英语释义和汉语解释。首先是用英语来解释词汇，锻炼学生用英语想英语的思维能力，如："bank—a place for keeping money"等，这样可以培养学生的英式思维。其次是用汉语解释词义。英语教学中应尽量避免母语的使用。但遇到一些表示抽象概念的词汇时，如air，traffic等，用英语解释可能中学生较难接受，此时教师可以直接用汉语解释，这样不仅可以节省课堂时间，而且意思清晰明了。

六、童谣、歌曲法

低年级学生特别喜欢唱歌、跳舞，如果能借用音乐、舞蹈来学习英语，无疑会引起他们的兴趣，提高教学效果。例如，把一些英语单词按节奏、音乐节拍有机地改编成童谣儿歌，就是一种很好的辅导学习方法，因为歌曲能加深记忆。一般来说公式、概念容易忘记，而歌曲却使人终生难忘，只要一哼歌曲，就想起来了，这是因为好的节奏和旋律已经和有关教学的歌词一块儿记住了。

七、游戏、竞赛法

青少年活泼、好强、好表现，教师应充分利用学生这一特点，努力在英语课堂上为学生创造说和做的机会，使他们处于学习的主体地位。把竞争机制引入课堂，把游戏搬进课堂，不仅拉近了师生间的距离，而且能使学生整个身心处于积极主动的学习状态。词汇教学中常用的游戏方法有"找朋友""猜测游戏""单词接龙"等；竞赛的形式也有多种，如"看谁举例多""看谁最快完成"等。游戏、竞赛可用于词汇教学的各个环节，前面所介绍的几种教法中也可将游戏或竞赛渗透其中，但教师要注意合理控制时间，且要避免只追求趣味而忽略效果。

八、探索法

直接出示单词教学生发音是大多数教师过去常用的方法，它只注重传授知识本身，也就是我们常说的"认读法"。在词汇教学中可以将它变为"探索法"，让学生自己去发现知识的规律。

下面是单词"bread"的教学实例。

T（teacher）：Do you know how to read it in English？（Showing a picture of bread.）

Ss（students）：No.

T：Please find out the words（that we have learned）with "ea".

Ss：（All the students begin to think and find out the following words：tea，teacher，head，please，meat，…）

T：Now please read them and tell me how to pronounce "ea" in each word.

Ss：tea/ti：/，please/pli：z/，meat/mi：t/，head/hed/，…

T：Oh，wonderful! Now，you know，sometimes we may pronounce "ea" /i：/，but sometimes we may pronounce "ea" /e/. Here "ea" in bread should be pronounced /e/，the same as "head".

Ss：Ok，we can read it（bread）/bred/.

注：整个过程教师都不要板书音标。

采用"探索法"，可以充分发挥学生学习的自主性和创造性。学生在教师的指导下学会了该单词的读音，掌握了读音规则，还学会了思考以及寻求知识的方法。这种学习不是被动地接受知识，而是通过自主地参与获得探究能力。它是一种"探究式"的学习：它既重视结果又强调知识获得的过程，既关注意义建构又注重应用。因此，它特别有利于素质教育、创新教育的有效实施。

第三章　小学英语语音教学

第一节　小学英语语音教学的目标和内容

一、小学英语语音教学的目标

学生学习英语时，应尽量学好语音。英语语音教学是入门阶段英语教学的关键。英语语音是英语的本质，学习英语无不从其语音开始。英语语音训练要贯彻始终，从一开始就要严格要求，使学生养成良好的语音习惯。而且小学阶段是语音的敏感期，抓住这一时期教给学生正确的语音，就能使学生终身受益，否则，小学阶段错失良机，没有学好语音，就会给初中英语教师留下隐患。另外纠音比从头学习语音更难。一般说来，被作为外语来学习的英语，学生是不可能学得地道的发音的，除非他们从小就开始学英语。因此，教授小学英语语音应达到以下目的：

（一）连贯性（Consistency）

英语语音应该流畅、自然。如读下列句子：

a. Please listen to me attentively and repeat after me.

b. I was just asking Mike to come here.

（二）可理解性（Intelligibility）

所说的话（发音）应为听众所理解，如：

A：Which city do you like best，Beijing，London and New York?

B：I like London best.

而有些地方的人说话喜欢加上一些元音或辅音，本身的语音不准确，如：

and/ændə/

think/ θ inkə/

student/stju：dəntə/

teacher/ti：sa/

这些是在教学中要纠正或避免出现的。

（三）交际性（Communicative efficiency）

语音语调的正确使用有助于传达说话者的表达意图。如：

A：He is a primary student.

B：Primary student？　（I can't believe it.）

A：Yes.（You don't know it before？）

二、小学英语语音教学的重要性

作为交际工具的语言首先是有声语言，文字只不过是记录有声语言的符号。语音作为语言存在的物质基础，不仅是语言的本质，也是语言教学的基础。语言丢掉了语音，就成了死的语言，它的交际作用将受到极大的限制。如一个人发音不准，语调不顺，听别人谈话或别人听自己的谈话，都会有困难。相反，如一个人学好了语音，有了正确的发音、流利的语调，就能运用该种语言进行顺利的交际，即能够准确、迅速地听懂别人的说话，也能够自如地表达自己的思想。例如：

（1）不了解英语语音、语调的知识，下面的交际就无法完成。

A：Would you please turn down the radio a little bit?

B：Sorry.（No，I don't want to.）

B：Sorry？　（Pardon，what did you say？）

B：Sorry.（A normal apology.）

这就是语音语调的问题。

（2）单词的发音也有很大差异。

①同一个单词，也有英音和美音之分，如：dance /dens/，/da：ns/；Saturday/'sætədei/，/'sætədi/；

②同样的字母，发音却不一样，如：plough/plau/－cough/ko：f/；

③发音一样，字母却不同，如：plough/plau/——cow/kau/；

④同一个单词，词性不同，发音不一样，如：record /'reko：d/n.——/ri'ko：d/v.

（3）有时强调的词不同，重音就不一样，如：

Mike will drive to London tomorrow evening.（强调的是Mike，而不是别人。）

Mike will drive to London tomorrow evening.（强调的是drive，而不是walk/go by train/go by plane等。）

Mike will drive to London tomorrow evening.（强调的是去London，而不是Paris。）

Mike will drive to London tomorrow evening.（强调的是tomorrow evening，而不是this evening或者tomorrow morning。）

因此，学好语音不但有利于正确表达自己的意思和观点，而且有助于学习词汇、语法和发展听、说、读、写等技能。在语言三要素中，词汇和语法都是通过语音这个物质外壳表现出来的。学不好语音，说明语音基本技巧自动化程度不够，它将严重影响以后的教学进度，影响学生的语言能力和学习能力的发展，词汇，语法和听、说、读、写的教学，无不受到阻碍。事实证明，英语语音好的学生，他们能利用单词的拼写规律识记单词，听、说、读方面的能力强。

三、小学英语语音教学的内容

说到语音教学的内容，很多人就会想到48个音标和单词的发音。事实上，小学英语语音教学的内容不包含音标教学，但包括以下几个方面。

（一）字母的单音教学

对于小学低年级的英语初学者来说，26个字母是必须会读会写的。因此教学时要准确地教会学生朗读每个字母的读音（教学时不教音标，也不显示音标）。

A [ei], B [bi：], C [si：], D [di：], E [i：], F [ef], G[dʒi:], H[eɪtʃ], I [ai], J[dʒeɪ], K[kei], L [el], M [em], N [en], O [əʊ], P [pi：], Q [kju：], R [a：], S [es], T [ti：], U[ju：], V [vi：], W[ˈdʌblju:], X [eks], Y [wai], Z [zed]。

（二）单词的拼读教学

小学英语词汇教学中也有四会单词，教学时要教会学生拼读。如：

（1）Apple! a–p–p–l–e–/[ˈæpl]/

（2）Tiger! t–i–g–e–r–/[ˈtaigə]/

（三）语调

语调在小学英语教学中是很重要的。尽管小学生使用的句子大多是简单句，但学习的问句中也有一般疑问句和特殊疑问句，还有些根据不同的语气来确定语调的。如：

（1）Are you Daming？ Yes，I am.

（2）Where is the book？ It is on the table.

（3）A：How many flowers are there？

B：Thirty-five.

A：Thirty-five？

B：Yes. That's right.

（四）连读

懂得连读，对于英语表达的顺畅、简洁是很有帮助的。这样，句子读起来就很自然、地道。如果不连读，那么读句子时就像是读单词而不是读句子。如：

（1）They look at it.

（2）The book is in front of the desk.

（3）In winter，he walks on the snow.

（4）Yes，it is.

在下列情况下都应连读：

①当一个单词以辅音结尾，而它后面的词以元音开头时，就可将两词连读。如：have a look at it，take it away，put it on；…

②前一个单词以/r/音结尾的，也可和后面以元音开头的单词连读。如：our own，clear enough。

③当前一个单词以元音结尾，而后一个单词以元音开头时，也发生连读，可在两个单词中间加上/r/音。例如

throw away可以读为/θr uə ə'wei/。

④不完全爆破在两个辅音相连时，前面一个会发生不完全爆破。例如：active中的/k/音，not bad中的/t/音。在理解长句时，掌握不完全爆破的发音规则很关键，对正确抓住细节词很有帮助。

⑤弱读。弱读在英语口语中很常见，例如：have可以弱化为/hæ/，him弱化成/im/，for可弱化为/fo：/等。尤其是在语速较快时，弱化更容易发生，如tell him在快速说出时，可以变为/'telim/。如果不了解这些规律，将会影响理解的程度。

（五）重音

对于单词的重读，一般情况下，单音节的词开头重读。双音节的词如果是名词，开头的音重读，如果是动词，后一个音重读。多音节的词，倒数第三个音节

重读。如：book/bʊk/；happy/ˈhæpi/；elephant/ˈelɪfənt/

对于句子，突出强调的部分要重读。

（六）停顿

句子的停顿分两种，第一种是标点符号的停顿，第二种是长句中完整的短句和长词组后的停顿，这样是为了把意思表达得更清楚。在小学英语教学中，长句出现的情况少，因此教师应适当提醒学生注意句子的停顿。有时停顿的地方不同，意思也不一样，如：

（1）I don't understand，/Sam. I don't understand Sam.

（2）Seven plus two/times two/equals eighteen.

（7+2）×2=18

Seven plus/two times two/equals eleven.

7+（2×2）=11

（七）节奏

英语的节奏并不仅指说话的速度快慢，还包含许多小环节，如语调的升降、词语的重音、句子的停顿等。小学英语的节奏主要出现在英语儿歌和童谣中，如：

Two little birds are sitting on the tree. One is Jack，the other is Joe. Flies away Jack，flies away Joe. Flies back Jack，flies back Joe.

Two little fish are swimming in the sea. One is Jack，the other is Joe. Swims away Jack，swims away Joe. Swims back Jack，swims back Joe.

小学英语语音教学的任务不是让小学生学些语音理论，而是教会小学生运用英语语音的基本知识，发展听、说、读、写的基本技能，培养对英语的语言感觉。

第二节　小学英语语音教学的原则

小学英语语音教学的重要性不言而喻，其中语音教学包括发音、语调、语速等方面的教学。在语音教学中，我们遵循一定的原则，以保证教学的有效性和学生的积极参与。以下是小学英语语音教学的原则：

一、示范性原则

有效的指导和示范，对学生来说就是要注意观察、理解，以便于模仿。

语音教学时，教师首先要示范发音，让学生通过观察教师示范的口型，听教师的示范发音，来感知英语的语音、语调，为学生在语音的表达上提供模仿的榜样。听示范音是模仿发音的先导，听准了才能仿得像，发得准。

做好语音示范，应注意以下几点：

（1）教师的语音示范要做到口型正确，发音清楚准确，语调基本合乎标准。

（2）语音示范原则上由教师承担，也可利用电教设备、直观发音口型图、模型等。

（3）在示范时，教师的角色是"组织者"和"示范表演者"，学生的角色是"被组织者"和"观察、模仿者"，认真听，仔细观察，做到听得清，看得见，仿得像。

（4）教师应站在学生都看得见的位置，也可要求学生用照镜子的方法来观察，对照口型发音。

（5）运用示范方法时，应结合讲解，边示范边讲解应注意的要点和难点，讲解要适时、适量、适度，做到具体、简单、明了。

示范步骤如下：

单音示范—结合单词示范—对比其他音示范—书写到黑板上示范—讲解怎样发音—学生集体模仿—学生单个模仿—教师纠正，练习。

二、模仿性原则

在有效的示范和指导的基础上进行模仿是习得语言最有力的手段，对语音教与学来说尤其重要。模仿在心理上是一个随着感知进行再现或尝试的过程，离开了模仿几乎可以说不可能掌握任何语言。小学英语语音教学的目的只在于让小学生学会实际发音，并不要求对每个音做出科学的解释。因此通过简单的模仿能够正确发出的那些音位，使用直接模仿就可以了。对一些较难掌握的音，教师还需在讲解的基础上，让学生理解发音的部位和有关特点后再进行自觉模仿。利用这个特点来练习发音，是最基本的也是最有效的方法。只有通过模仿，狠抓练习，才能培养学生良好的听音、辨音和发音的能力。儿童学习发音，是靠模仿来形成反应的，这种最初的反应必须经过多次的重复才能巩固。因此，每学一个新单词的读音都要及时让他们重复练习。通过练习，既提高他们听觉的感受性，使之辨别出语音的细小变化，区别正确的和错误的发音，又能牢固地掌握词的发音。

模仿练习时，应注意以下几点：

（1）模仿应先集体后个别，先低声后高声或高声、低声交替进行。

（2）在听得清、发得准的基础上，借用所学词汇在理解的基础上多次练习。

（3）模仿练习的方式方法要多样化，避免枯燥乏味。对小学生最好运用游戏方法，效果比较好。

（4）教师发现学生模仿练习时出现的盲点，要及时指导、纠正。对于学生错误的发音，不要重复，不要给予强化，以免引起错误的模仿。同时也不能责怪和取笑学生，以免学生因害怕而不敢说话。教师要耐心地正面指导，纠正并给予鼓励。

（5）对个别沉默寡言的学生，教师要多与其交流，加强个别指导。

三、对比性原则

教师通过对英英、英汉语音系统的对比，使学生体会英语语音的特点，觉察出特点，然后按照读音差异进行教学。这种方法的优点在于让儿童一开始就注意、区别汉语语音和英语语音的差异，形成准确的英语读音，有利于学生正确模仿。如，可以把新学的英语语音和已学过的相近的或有关的英语语音进行对比。也可对比英语语音和相近的汉语语音，指出两者在发音方法和部位上的细微不同。这样，学生对新的语音就容易掌握和模仿了。比如，用最小派对对比英语单词will和well，听并找出其差异。再如有位老师采用与汉语拼音区别的对照法学习g，h，w，y，r这五个辅音字母中的辅音音素（见表3-1）。

表3-1　对照法学习

	汉语拼音	英语音素
g	发 g（哥）时，声带不振动，如 ge ge（哥哥）	发 /g/ 时，声带要振动
h	发 h（喝）时，舌根和软腭发生摩擦	发 /h/ 时，没有摩擦，很像喘气声
y	在 yao（药）、ye（叶）中 y 的读音与英文字母 y 的读音 /j/ 不同	y 读 /j/，声带振动，有摩擦

| w | 发 w（乌）时（如吴，五）常将上唇轻抵下唇 | 发 /w/ 时双唇收圆并稍突出 |
| r | 发 r（日）时，舌端向上腭卷起 | 发 /r/ 时，舌端向上齿后部卷起，双唇突出 |

再如利用汉语拼音zh，ch，sh，r，采用对比法讲授/t/，/s/，/f/，/v/，然后按照读音差异进行教学。

四、整体性原则

小学英语教学中的语音教学的整体性体现在以字母学单词，以单词学句子或以句子学单词，以单词学字母，字母单词一体教学，字母、单词、句子三位一体教学，词汇归类教学等互相渗透，反复循环。小学英语教学中的语音教学具有全面性，语音知识不仅包括字母、单词、句子，而且包括重音、停顿、连读、爆破、语调、节奏等。在日常交际中，人们所听到的话语不是一个个单个的字母、单词，而是把读音、节奏、语调统一起来的句子。小学英语教学的目的之一是培养学生的英语语感，培养学生对听、说的感性认识，这样就需要小学英语教师在教学时既要练好单音，又要注重在英语语流中练习语音和语调。

语音单项（字母、音标等）本身没有意义，只有将它们有规律地结合起来，和词汇、语法一起作为一个整体才能表示意义。入门阶段的语音教学仅是一个重要的开始，培养语音熟练的工作不可能在语音阶段结束，特别是语音、语调的训练，只能随着语言材料的增加逐渐增加，要学好英语语音、语调，还需在入门阶段以后继续在其他英语教学方面（课文、句型）不断加强训练，进一步学习语音，使语音、语调更加自然、流畅，逐渐合乎标准。

五、真实性原则

小学英语教师自然、真实、流畅的表达会给学生留下一个深刻的印象，而在真实的语言环境中做对话练习，为学生创造一个良好的语言环境，能激发学生英语学习的兴趣，以及他们学习的创造性，从而培养他们真实的语音语调。

而有的老师在教英语语音时，使用的语音和语调不自然，刻意模仿，不是在真实交际中应该使用的语音语调，而是使用唱读或其他形式的语音语调。这就容易使儿童在一开始学习英语时便养成不正确的语音语调习惯。

因此，小学英语教师首先要注意自己语音语调的训练，其次从语音教学开始就注意按照真实的交际形式教儿童读英语、说英语，千万避免那种在小学语文教学中广泛存在的拖着长腔的唱读，这不仅会导致儿童说不好英语，而且会影响他们听力水平的提高。

六、机械式练习与有意义运用相结合原则

语音学习需要大量的机械式练习，通过反复的发音和语调练习，学生可以逐渐掌握正确的发音和语调。但是，机械式练习往往会让学生感到枯燥乏味，因此，教师需要将机械式练习与有意义运用相结合，让学生在实际语境中学习和运用语音。教师可以通过设计情境对话、角色扮演、歌曲吟唱等活动，让学生在轻松愉快的氛围中学习和掌握语音。

七、个别教学与集体教学相结合原则

每个学生都是独特的个体，他们在语音学习方面存在着不同的困难和问题。因此，教师需要注重个别教学，针对每个学生的特点进行有针对性的教学。教师可以采用一对一的辅导、单独的语音练习等方式，帮助学生解决发音和语调方面的困难。同时，教师还需要注重集体教学，通过小组讨论、集体示范和练习等方式，促进学生之间的交流和学习，提高教学效果。

总之，小学英语语音教学需要遵循模仿与理解相结合、机械式练习与有意义运用相结合以及个别教学与集体教学相结合的原则。通过这些原则的实施，教师可以帮助学生更好地掌握正确的发音和语调，提高英语口语表达能力。同时，教师还需要注重激发学生的学习兴趣和积极性，创造轻松愉快的课堂氛围，让学生更好地参与到语音学习中来。

第三节　小学英语语音教学的方法和练习

一、小学英语语音教学方法

小学英语语音教学的常用方法有以下几种。

（一）示范—模仿法

教师运用示范，提出要求，让学生注意观察，认真模仿，对某些难发的音，采用边示范边讲解的方法。

（二）对比启发强化训练法

所谓对比启发就是教师在课堂上尽力启发学生去找出英语中音与音、字母与

字母、单词与单词以及汉、英两种语言之间的联系，然后加强练习，加深理解，巩固记忆。如：有些学生常常把双元音/ai//ei//au/分别读成汉语拼音/ai/（埃）/ei/（诶）/ao/（熬）。对此，及时向学生指出，英语双元音和汉语二合韵母除了音长不同，它们的构成方式也不一样。通过这样的对比，学生就能排除本族语的负迁移，同时也利用它的正迁移作用纠正发音，找出容易混淆的内容，结合读、练，分清异同，通过各种练习，如比赛、分组、对练等强化记忆。

（三）归纳—演绎法

将符合同一读音规则的语汇归类来进行教学。这些词汇可能是已学过的，也可能是生词。归类通常可以多次重复，将一个单词在元音、辅音、重读音节、非重读音节中多次归类。归类的目的是帮助儿童掌握这些单词的读音，归纳之后再用演绎法操练。例如，教音素/au/，先让学生说出学过单词中含有音素/au/的单词如：go，no，rose，goat等。然后，把元音字母和元音字母组合o，oe和o-a归纳为/au/，再写出含有o，o-e和o-a的单词，要求学生练习发音。另外，对英语单词重音的规则、对英语句子的语调规则进行分类总结，逐个强化训练，一开始就让儿童有良好的重音语感是很关键的。

（四）纠正鼓励法

教师对小学生发音上的缺点要及时指导、纠正，教给他们正确的发音，要耐心认真地正面诱导，并给予鼓励；不能责怪和取笑学生，不能复述学生的错句，以免强化错误信息；要抓住时机，鼓励表扬，因为"好表扬"是小学生的一个重要心理特点，鼓励是促进学习的重要手段。在教学中教师要随时注意心理效应，要善于发现学生的闪光点并加以肯定，使学生产生一种愉快的情感体验，有效地支持学生奋发向上，最大限度地调动学生的学习积极性，增强克服困难的勇气，增添对学习的兴趣。

（五）拼读法

要求学生根据读音写出单词、词组或句子。

（六）绕口令练习法

语音练习往往很枯燥，不易引起学生的兴趣。绕口令这一练习活动旨在练习特定的语音，用语言创造性地开展游戏。适当编排的绕口令是一种目的明确、富有趣味而且很有效的练习材料。绕口令可以用来训练元音、辅音和特殊的语音现象。绕口令是语音辨别区分的好办法，宜用于儿童在基本掌握语音的准确读音之后进行相似音的辨别区分。

用绕口令练习发音，使学生能辨认某些元音发音的（细微）差别。例如：

Peter Piper picked a peck of pickled pepper.练习辨认元音/e//i/

A big bug bit the back of a big black pig.练习辨认元音/i//æ/

这种简单的绕口令儿童比较容易掌握，教师可根据本地区儿童语音辨别存在困难较多的语音编写此类绕口令。教师所编写的绕口令应该是能够真实地运用在真实的语境中的，这些绕口令应该尽量用简单而常用的，甚至以后会学到的要求儿童掌握使用的词汇。在编写绕口令时，教师可先决定绕口令的训练目的，利用学生学过的词汇编一些例子，写在黑板上，然后要求学生参与编写，接着要求学生反复、连续朗读，在正确朗读的基础上加快速度。

（七）说唱练习法

低年级学生特别喜欢唱歌、跳舞，如果把一些教学内容有机地改编成歌曲、口诀，则是一种很好的辅导学习方法，因为歌曲、口诀能加深记忆，只要一哼歌曲就想起来了，这是因为好的节奏和旋律已经和有关教学的歌词被一块儿记住了。童谣、儿歌读起来朗朗上口，文字简练，通俗易懂，易读，节奏感强，有韵味。可通过说唱童谣、儿歌，练习发音、节奏、连读、语调等。如：

Rain，rain，go away. Peter and Mary want to play. Rain，rain，go away. Come again the other day.

也可用唱儿童歌曲的方式来练习发音。现在各种小学英语教材及少儿英语教材中有许多练习发音的歌曲，比如《字母歌》"AEIOU Song" "Bingo"等。上面这首儿歌也可用歌唱形式来练习。

（八）游戏练习法

教师根据实际情况和所教授的内容，设法编排、设计一些游戏活动来进行轻松愉快、积极主动的练习。比如，在教字母时，有的老师没有死板地从头到尾教呀，念呀，背呀，而让学生分别充当A，B，C……然后用"Who is A？" "Who is B？" "Where is C？" "Hello，A！"等已学过的句型来提问，学生回答"I'm A." "I'm B." "I'm here." "Hello，B！"这样教起来，学生有兴趣，学得快记得牢。

二、语音的练习：操练与运用

操练（Drilling）与运用（Practice）是练习语音的两种常用方式。操练是一种对所学单词或句子不断重复的练习活动，目的是掌握、巩固新学的内容，而运用是将所学知识付诸实践的活动，如教学hospital，操练就是不断地重复这个单词，而运用就是结合实际情况，用单词造句，将所学单词运用到实际生活中去。

（一）操练和运用的区别（见表3-1）

表3-1　操练和运用的区别

	操练（Drilling）	运用（Practice）
目　的	准确	流利
能帮助学生进行	短期记忆	长期记忆
在练习过程中	教师应该纠正错误	教师不应该纠正错误
练习的方式	只有一种	有很多种
练习时是	很单一的	很有趣的
开始练习时	用简单的练习方式	用复杂的练习方式
练习人数	以多人形式进行	以少数人形式进行

（二）操练时小组活动和全班活动的区别（见表3-2）

表3-2　操练时小组活动和全班活动的区别

小组活动	全班活动
对于学生来说他们不会紧张	教师可以听清学生的表达错误
所有的学生都能进行操练，但方法比较单一	可以采用多种有趣的方法进行
学生出错时,他们可以听到别的同学的正确发音，从而改正自己的发音	可以使每个学生都很专心地练习
声音大,可以很好地吸引学生的注意力	进行竞赛的形式,可以激发学生的集体精神和荣誉感

（三）进行操练时，可以采用以下方式来组织教学活动

（1）全班。

（2）半个班（或一边）。

（3）小组。

（4）男孩/女孩：班里的男孩为一组，女孩为一组。

（5）排：第一排、第二排等。

（6）列：第一列、第二列等，或一、三、五列等。

（7）个人。

（8）动物：发动物头饰给学生戴上，以此来进行分组，或假设某些同学为一种动物，另一些同学为另一种动物。

（9）植物：（方法与上一种一致）。

（10）高矮个子：把一些高个子组成一组，把一些矮个子组成另一组。

（11）胖瘦个子：（方法与上一种一致）。

（12）衣服的颜色：把穿白色衣服的同学归为一组，红色衣服的同学归为一组等。

（四）一般的操练形式

（1）操练单词的发音。教师解释单词的读音，让学生找/说出发音一样的单词。如：

/ɔ/dog spot box watch；/oː/door wall sport board

（2）相同或不同。教师读一些单词，学生听后指出相同或是不同。如：

thick	think
park	part
thick	sick
two	too
thin	thought
sing	sort

（3）填空。用所听到的词填空，或选择所听到的图中的词填空。如：

A：Mary went to see the（　·　）.

B. What did you say?

A：I said："Mary went to see the（　　）"

（4）绕口令。练习朗读绕口令，以熟悉掌握某些词的正确发音。如：Peter Piper picked a peck of pickled pepper.

Vowel：/i//e/

A big bug bit the back of a big black pig.

Vowel：/i//æ/

（5）英语儿歌和童谣。英语儿歌和童谣由于朗朗上口而为小学生所喜爱。

前文提到的童谣可以用不同的主语与动词来进行替换。

Two little dogs are running on the road. One is Jack，the other is Joe. Runs away Jack，runs away Joe. Runs back Jack，runs back Joe.

此外，"Table Number""London Bridge Is Falling Down"等儿歌也是很受小学生喜爱的。Table Number：We are table number one（two…ten），

number one（two…ten），number one（two…ten），

We are table number one（two…ten），Where is number two?

We are table number two（three…ten），

number two（three…ten），number two（three…ten），We are table number two（three…ten），Where is number three?

（五）比较复杂的操练形式

1.添加词语

先给出一个词，然后加上其他词构成一个句子。添加的词语可以加在前面或者加在后面。如：

I—

I get—

I get up—

I get up at—

I get up at 6.

You

—meet you

—to meet you

—Nice to meet you.

2.问题接龙

刚学了问句，A问B，B回答后问C，C再问D。如：

A：（ask B）What colour do you like?

B：I like green.（ask C）What colour do you like?

C：I like red.（ask D）What colour do you like?

3.转变练习

教师说一个单词/句子，学生按照要求将其换成另一种表达形式。如：go—

went：I go to school. —I went to school.

4.替换练习

教师说一个单词，学生按照要求将其扩展。如：T：" Swimming"（or show a picture）S：I like swimming.

T：" Running"（or show the action）S：I like running（Or：reading, skating, singing，…）

5.扩大练习

教师指出一个同学为中心，该同学向前后左右的同学问问题，然后被问的同学又向另外的同学问问题，将参加练习的人数扩大化。或者第一排/组问第二排/组，以此类推。如：

A：（asks BCDE）Which book do you like best?

B：Little Red Ridding Hood.

C：Snow White.

D：Sleepy Beauty.

E：Three Pigs.

三、语音教学示例

语音教学活动，是在教师组织指导下以练习语音语调为主要目的的、有规则的活动。它将教学任务与游戏结合起来，寓语音训练于游戏之中，符合小学生的年龄特点，使小学生在轻松愉快的气氛中学习，激发学生的学习兴趣，增强学习的主动性和积极性，从而提高学习效率。

语音教学活动是小学生非常喜爱的一种教学形式。这类游戏以练习正确发音、提高辨音能力为目的，形式生动有趣，结构简单。游戏中，可以让小学生着重练习他们感到困难的或容易发错的语音，但每次练习的语音不要过多，以免难点集中，影响效果。一般来说，初学者进行语音训练，可以多用些这类游戏。

（一）示例活动1

活动名称：A is an apple。

活动目的：复习A至L字母的发音。活动步骤：

（1）齐唱字母歌。

（2）教师把字母A至L的字母写在黑板上，当教师写字母时，边写边要求学生读出它们的字母音，或边写边领读字母音。

（3）a.教师让学生看挂图。

b.教师按顺序指着并说出每张图的名称，学生跟读，也可要求学生说出每张图的名称（因为学生已学过这些单词）。

c.教师指着每一幅画的名称的第一个字母问，"What's the first letter？"（第一个字母是什么？）让学生自愿回答，教师重复纠正。

d.教师应提醒学生，英语的字母名称音和音素不同。教师再指着图问，"What's the first sound？"（第一个音是什么？）让学生自愿回答，老师重复纠正。

e.教师打乱顺序指着图问学生：

"What's this？"

"What's the first letter？""What's the first sound？"学生自愿回答。

（4）教师把学生分成两大组，一组问，一组答，教师出示字母A卡片：

小组1问：What's this?

小组2答：It's A

（5）用同样的方法练习其余字母卡片，然后变换问答形式。

（6）教师在黑板上写出A至L中的任何三个字母，给它们标上1、2、3，说出一个以这三个字母中任何一个字母开头的物品，或者说出三个字母中任何一个字母的音素音，学生举起相应的手指表达数目。

（7）用同样的方式练习其他的字母。

（8）教师放歌曲录音，同时挂出预先准备的歌词：

A is an apple a a a

B is a book b b b

C is a coat c c c

D is a dog d d d

E is an egg e e e

F is a flag f f f

G is a goat g g g

H is a hat h h h

I is an "it"

J is a jack

K is a king k k k

L is a lion

I can sing my A B C.All the way from A to Z.

（9）学生静听一遍歌曲，教师随录音有表情地示唱。

（10）教师按步骤8中的节奏示范说唱念歌词，学生模仿，各2至3遍。

（11）再放录音，教师和学生一起随录音唱1至2遍。

（12）分组念、唱：小组1念一句歌词，小组2唱一句歌词，教师每组都参加。

（13）齐说唱一遍，齐演唱一遍。

（二）示例活动2

活动名称：练习5个元音字母及26个英文字母的游戏。

活动目的：

（1）熟悉26个英语字母的读音，以及字母顺序。

（2）掌握Aa Ee Ii Oo Uu五个元音字母。

活动准备：

（1）师生共同复习26个英文字母，在黑板上写出5个元音字母。

（2）宣布游戏规则。

师生共唱ABC字母歌，边唱边拍手，当唱到元音字母时不拍手但要举起手，如果继续拍手算犯规，犯规者要求在全班学生面前有节奏地拍手读五遍该元音字母，如：A（拍手）—A（拍手）—AAA（拍手拍手拍手）。

活动过程：

（1）此游戏共做五遍，前两遍师生一起边唱歌边拍手，让学生熟悉游戏规则。

（2）第三遍教师不参与，学生做，速度要适中。

（3）第四遍学生做，速度稍快。

（4）第三遍和第四遍犯规的学生出来在全班同学面前有节奏地拍手读五遍该元音字母。

（5）如果有时间，师生共同来个第五遍，速度越快越好。

活动建议：

（1）师生要先回忆复习5个元音字母并写在黑板上。对刚学完字母的小学生来说，也许有的同学对5个元音不太熟悉，做此游戏的目的是让学生记住5个元音字母，在黑板上写出5个字母可引起学生的有意注意，再加上后面游戏的巩固可使学生产生趣味记忆，达到良好的记忆效果。

（2）第一、二、五遍教师一定要参与，这样可创造一个和谐、活跃的师生氛围。

（3）此游戏简单易学，可操作性强，适合初学英语的学生做，但操作速度应由慢到快。

（三）示例活动3

活动名称：Step the mine（碰地雷）。

活动目的：记住单词的读音。

活动准备：

（1）在一块小黑板或者一张纸上写上已学过的单词。

（2）为胜利者准备的奖品，可以是教师自做的星星等。

活动步骤：

（1）复习所学的单词：apple，car，sheep，banana，dog，cat，hat，egg，tree，frog等。

（2）教师设定哪些单词为地雷（一般是元音字母的发音一样的），如"apple，cat，hat"。让学生读两遍这三个单词。

（3）先让全班同学站起来。教师开始教学生读所有的单词（可以不按照单词的顺序教），但当教师读到"地雷（apple，cat，hat）"时，学生不能跟读，跟读的就要坐下不能继续参加比赛。

（4）教师教三遍没有学生出错后，可以另"埋"地雷，如换成"sheep，tree"或者"car，banana"等。然后继续游戏。

（5）最后仍站着的学生为胜。

活动建议：

（1）可让碰了"地雷"的学生上去当老师来教读。

（2）让学生自己"埋"雷。

（四）示例活动4

活动名称：A Sailor Went to Sea。

活动目的：练习英语节奏。

活动内容：

A Sailor Went to Sea

A sailor went to sea，sea，sea，

……

拍手 拍手 拍手

To see what he could see see see，

……

拍手 拍手 拍手

But all that he could see，see，see，

……

拍手 拍手 拍手

Was the bottom of the deep blue sea，sea，sea.

……

拍手 拍手 拍手

活动步骤：

学生们两人一组面对面站立，按上面例句所表示的节奏拍手。拍手规则如下：

第一拍：拍自己的手。

第二拍：拍对方的右手。

第三拍：拍自己的手。

第四拍：拍对方的左手。

第五拍：拍自己的手。

第六拍：拍对方的双手三次。

第七拍：用自己的左手拍对方的右手，用自己的右手拍对方的左手。活动建议：

教师可根据这首童谣的节奏，灵活替换，只要节奏模式一样即可。如：My brother went to play，play，play，With all his friends one day，day，day，They all went to the park；park，park，And stayed there until dark，dark，dark.

（五）示例活动5

活动名称："伦敦桥"。

活动目的：

（1）更好地、准确地复习所学单词的读音。

（2）激发学生拼读单词的兴趣。

活动准备：将预先准备好的元音字母头饰和辅音字母头饰放在讲桌上。活动过程：

（1）介绍游戏内容及规则。

（2）活动内容及过程。

让两个学生戴上辅音音标头饰，用手搭起一座"伦敦桥"，让一组戴着元音音标头饰的学生通过，全班同学一起唱："London Bridge is falling down…falling down…"，当唱到句中间时音乐一停，"桥"垮了，谁卡在"桥"里，谁就要把两个辅音和自己的元音拼读出来，或者让全班同学一起拼读。

如：pig，bag，…

活动建议：

当学生在桥里时，可先让全班同学齐声读出两个辅音字母及中间的元音字母。每卡一次，变换一下辅音字母，注意辅音字母和元音字母搭配。

第四章　小学英语阅读教学

第一节　小学英语阅读教学的目标和内容

阅读是人们获取信息最常用的手段，也是英语教学的主要目标技能之一。作为语言学习的主要输入方式，阅读在听、说、读、写四项技能的培养中占有重要的地位，是英语学习过程中最重要的信息输入途径和综合能力培养的渠道之一。课程标准在语言技能目标描述和基本学习策略描述中，都对小学生提出明确的阅读要求。

一、小学英语阅读教学的目标

小学英语教学的目标主要是培养学生的英语阅读兴趣，提高学生的英语阅读能力，培养良好的阅读习惯，以及提高他们的英语语言素养。具体来说，包括以下几个方面：

在小学英语教学中，阅读教学是一个非常重要的环节。下文将围绕小学英语阅读教学的目标展开讨论，旨在帮助学生培养良好的阅读习惯，提高英语语言素养。

（一）培养学生阅读兴趣

阅读兴趣是学生学习英语的重要动力之一。通过生动有趣的阅读材料和丰富多彩的课堂教学活动，可以激发学生对英语阅读的兴趣，从而培养他们的阅读习惯。为了达到这一目标，教师可以采用故事教学、角色扮演、游戏互动等方式，让学生在轻松愉快的氛围中学习英语。

（二）提高学生阅读能力

阅读能力是学生掌握英语知识的重要途径之一。通过阅读，学生可以扩大词汇量，增强语感，提高语法应用能力。为了提高学生的阅读能力，教师可以引导学生阅读适合他们年龄段的英语读物，并给予必要的指导。此外，教师还可以通过阅读理解、完形填空等练习题来提高学生的阅读理解能力。

（三）培养良好的阅读习惯

良好的阅读习惯是提高学生阅读能力的重要保障。学生在阅读过程中应该注意掌握正确的阅读姿势和阅读方法，避免指读、唇读等不良习惯。同时，学生还应该养成默读的习惯，提高阅读速度和阅读效率。为了培养良好的阅读习惯，教师可以给予学生必要的指导，并在课堂上展示正确的阅读方法，鼓励学生积极参与阅读活动，从而养成良好的阅读习惯。

（四）提高英语语言素养

英语语言素养是学生在学习英语过程中应该具备的基本素质。通过阅读，学生可以了解英美文化、风俗习惯等知识，拓展自己的视野。同时，通过阅读还可以提高学生的语言表达能力和写作能力，从而更好地应用英语这门语言。为了提高英语语言素养，教师可以通过多种方式来加强学生的英语语言训练，如朗读、听写、口语练习等。此外，教师还可以推荐一些优秀的英文读物，让学生通过阅读来提高自己的语言素养。

综上所述，小学英语阅读教学的主要目标是培养学生阅读兴趣、提高学生阅读能力、培养良好的阅读习惯和提高英语语言素养。为了实现这些目标，教师需要采用多种教学方法和手段，激发学生的学习兴趣和积极性，提高学生的阅读能力和语言素养。同时，教师还应该注重培养学生的自主学习能力和合作精神，让学生在阅读过程中不断探索、实践和创新，从而更好地掌握英语这门语言。

二、阅读目标细化的方法

小学阶段的语篇学习主要是在听和读的活动中获取信息，理解大意，增加语言积累，体验语言的文化内涵。在说和写的活动中运用语言知识进行表达，能简单阐明事件以及描述人或物，并在学习过程中初步感知语言的多元功能，形成语篇模式的意识，提高逻辑思维能力，增强文化意识。

在阅读教学的输入（听和读）阶段，主要培养学生阅读理解能力（获取信息、理解大意）、积累语言知识（增加语言积累）和培养文化意识（体验语言的文化内涵）；在输出（说和写）阶段，运用已有的语言知识来进行表达。在此过程中，语言能力、语篇意识、逻辑思维能力和文化意识都得以提高。

以上这些为我们制订阅读教学目标提供了依据和方向。阅读教学是英语基础型课程的重要组成部分，对提升学生学科核心素养起着重要作用。基于教材的编排特点，一、二年级中阅读语篇较少，而且以欣赏故事为主，没有具体的阅读技能培养方面的要求。家长对学生的英语学习较为重视，部分学生有课外自主阅读的能力和习惯，这些都为我们系统开展阅读教学提供了良好的外部条件。

在小学阶段，学生处于学习英语阅读的起步阶段，学生学习阅读的成分要大于阅读学习（read to learn）的成分。因此，在课堂阅读教学中，我们更多地关注和培养学生的阅读技能。

阅读作为一种认知活动，其中包含的知识、技能等也势必表现为不同的认知层次。因此阅读目标也应体现认知的不同层次。布鲁姆教育目标分类学指出，认知过程维度可以分为记忆/回忆、理解、应用、分析、评价和创造。英语阅读教学目标同样应该包含这六个层次，只不过在结合学生的年龄特点和认知情况的基础上，侧重点有所不同。

阅读目标的制订基于英语阅读分级目标，并且认知层次上也有一定的递进，丰富学生的阅读体验，注重培养学生的阅读思维品质，促进学生阅读能力的发展。

三、小学英语阅读教学的内容

小学阶段的英语阅读教育旨在培养学生的阅读兴趣、阅读习惯和阅读能力，为他们今后的英语学习打下坚实的基础。以下将分别介绍小学英语阅读教学的主要内容，包括课本教材阅读、课外阅读材料、故事性阅读和文化知识类阅读。

（一）课本教材阅读

课本教材是小学英语阅读教学的最主要资源。教师通常会根据教材内容，引导学生进行逐段阅读，理解课文的含义，掌握生词的发音和用法。此外，教材中还会提供一些简单的阅读理解题目，帮助学生巩固所学知识，提高阅读理解能力。

（二）课外阅读材料

除了课本教材，教师还会为学生提供一些课外阅读材料，如英文故事、短文、小笑话等。这些材料的内容丰富多样，有助于培养学生的阅读兴趣，扩大词汇量，提高阅读速度。教师通常会根据学生的阅读水平和兴趣爱好，选择适合的课外阅读材料。

（三）故事性阅读

故事性阅读是小学英语阅读教学中一种重要的教学方法。教师可以通过讲述故事、播放故事录音或视频等方式，引导学生进行故事性阅读。故事性阅读不仅可以提高学生的阅读兴趣，还可以培养学生的语言表达能力、想象力和创造力。

（四）文化知识类阅读

文化知识类阅读是小学英语阅读教学中不可或缺的一部分。通过阅读一些与英语国家文化相关的文章，学生可以了解英语国家的风俗习惯、历史背景、价值观念等，从而更好地理解和运用英语。教师可以通过组织文化知识类阅读活动，如文化知识竞赛、文化墙展示等，激发学生的学习兴趣和积极性。

总之，小学英语阅读教学的内容丰富多样，包括课本教材阅读、课外阅读材料、故事性阅读和文化知识类阅读。这些教学内容有助于培养学生的阅读兴趣、阅读习惯和阅读能力，为他们的英语学习打下坚实的基础。在教学过程中，教师应注重教学方法的选择和运用，注重学生的个体差异和兴趣爱好，以提高教学效果和质量。

四、小学英语阅读教学的特点

（一）从认读到阅读

与初高中不同，认读、朗读是小学阶段阅读的表现形式之一。在小学一年级，儿童可能看到的是一个单词、一个短语、一句简单的问候、一个简单的请求和感激之情，学生看到单词能知道意思，这就是阅读的开始，也是认读的表现形式。梅耶尔（Mayer）认为：词语的阅读首先是识别因素，其次是将文本符号转变为语音符号，最后从自己的长时记忆中寻找单词的意义。

（二）阅读内容简单

小学阶段的阅读不同初、高中，它的阅读内容结构简单，多以对话、卡片、告示、故事阅读为主，语篇简短。有的小学英语教材（如新标准小学英语教材）没有段落的阅读，全部是听、说、做活动。教师在教学策略选择方面必须注意到对话阅读与故事等阅读的不同，注意对话阅读的交际性特色。

（三）生活化阅读

小学英语阅读比初中以上的英语阅读生活化的成分要多。所谓生活化的阅读，一是阅读的内容贴近生活，二是阅读的目的与生活中的阅读接近。就小学英语阅读而言，生活化不等于真实性，因为很多情况下儿童的阅读不像成人那样为了一个真实的目的。大部分情况下，阅读就是一种学习的方式，娱乐性和知识性应该是主要目标。

（四）配图阅读

鉴于儿童的认知特点，小学阶段的英语阅读常常都是配图阅读。首先，图片能够激活学生的背景图式；其次，图片可以呈现阅读中的情境、情节、人物等；最后，图片可以激发学生的阅读兴趣。

（五）非语言输出

小学阶段阅读的认知要求相对较低，没有推理推论的要求，一般情况下也没有逻辑分析的要求。与初中以上的阅读不同，小学阶段的阅读有时也要求非语言输出。非语言输出，指的是小学生在练习阅读的过程中，不完全需要通过自身语言表达，也可以通过插图、艺术加工等多种形式展现出来，从这里也可以看出这是小学阶段英语阅读教学的重要特点之一。

要想突出小学英语阅读教学的特色，教师必须把握好小学生的年龄特征和阅读心理，利用各种资源激发学生的学习热情。以巩固、扩大词汇量，增强语感为目标，适量地进行文化渗透，能够在模拟或真实的情境中运用所学文化背景知识与英美人士交际。

第二节 小学英语阅读教学的方法

一、小学英语阅读教学存在的问题

（一）阅读部分

1.阅读材料过分依赖教材，内容单一

小学生阅读的材料大部分来源于他们学习的英语课本，而英语课本的编订又不能及时满足当前小学生的兴趣需要，很多阅读材料已经过时，或只从教育者的

角度考虑。因此，学生对阅读也是应付式地完成任务，长此以往导致学生视野狭窄，阅读速度慢，理解能力弱。

2.阅读材料难度不符合小学生水平

目前小学生的阅读材料或生词过多，或语言结构太复杂，学生不能流畅地阅读。小学生的词汇量比较少，对句子结构等英语语法知识还没有太多接触，如果一篇阅读材料的生词过多或句子结构太复杂，将影响学生阅读的兴趣与信心，无法培养交际性阅读能力。

3.忽视阅读技能技巧的训练

由于"以教师为中心"的传统思想仍然根深蒂固，又因应试教育的影响、小学生的自主学习能力的薄弱、课堂时间有限，等等，教师们不愿意花太多时间在技能训练上，而是直截了当地让学生进行阅读，然后做阅读练习，最后给出练习的答案。阅读流于形式，为阅读而阅读，学生根本没时间去分析阅读资料，阅读的过程也显得枯燥无味，学生的交际能力没有很好地得到培养和发展。

4.阅读重点在词句操练上，忽视对语篇的整体理解

在小学英语课堂中，词句的学习占了很大的比重，各种活动、游戏基本上都是以词句的学习巩固为中心，而对课文的学习则显得蜻蜓点水、浮光掠影，导致学生"只见树木，不见森林"。有的因过分注重语言知识的讲解而割裂了语篇，影响学生对完整语篇的感知和理解，使其阅读能力得不到应有的发展。

5.注重阅读练习与结果的反馈，忽视阅读过程的指导

对学生的阅读方式和过程采取放任态度，让学生阅读后，匆匆将检测性的问答和练习抛出。注重阅读结果的反馈，缺少对学生阅读过程的关注，导致学生阅读效率低下，阅读兴趣滑坡。

6.只注重对课文意思的理解，不注重文化背景的渗透

表现为注重语篇含义的获得以及处理整个篇章的能力，譬如疏通语言点，串讲课文，从字里行间或细枝末节上捕捉隐含意义，以及弄清段落间的关系，概括课文大意等，一味凸显语言的知识性使我们的英语课堂失去了许多情趣和精彩。

（二）朗读部分

1.没有体现小学英语教学中的语音教学的真实性

小学阶段是学生对语音最敏感的时期，抓住此时解决语音问题正合时宜，否则小学阶段失此良机，学生没学好语音，会给中学教师带来很多纠音的困难。

但有些教师对于语音教学的目的认识还很不够，为教语音而教语音的现象普遍存在，忽视了语音的交际性功能。在进行语音教学时，孤立地进行语音朗读训练，认为多读几遍学生就会了，有的甚至鼓励学生给音标或单词注音。因此很多学生在发音时根本不运用学过的发音方法和规则，只知鹦鹉学舌式地跟读，记忆单词不是根据发音，而是靠一个一个字母的死记硬背。虽然"最小对立体"的训练可以有效地帮助学生区分不同发音，但是这种机械练习过于单调且无意义，学生的遗忘率也高，而且容易将所学的单词混淆，降低学生课堂学习效率。就如教颜色red，green，yellow，…每个单词都读几遍，表面上学生都会读了，但把各种颜色混在一起，随便拿起一个叫学生说出其颜色，结果表明还是有很多学生不会说。将音素与字母、单词分开进行的这种孤立教学方法是行不通的。教字母时没能将字母、单词及音素联系起来教学，互相之间没有适当的知识联系与扩展。实践表明，这种揠苗助长的做法是完全不切实际的。

2.语音教学的各个环节相互脱节，缺乏整体性和连贯性

小学英语语音教学的内容可包括以下几个方面：字母和音标的单音教学，单词的拼读教学，语调、连读、重音、意群停顿和节奏等语调、语流教学。小学英语语音教学的任务不是让小学生学些语音理论，而是教会小学生运用英语语音的基本知识，发展听、说、读、写的基本技能，培养对英语的语言感觉。然而有的老师在教英语语音时，没能为学生呈现真实的英语语境，使用的语音和语调不自然，刻意模仿，用唱读或其他形式的语音语调读字母、单词、句型等，如读古文那样故意把语音语调拉长。这就容易使儿童在一开始学习英语时就养成不正确的语音语调习惯，如唱读："This-is-my-book./What-time-is-it-？/It-is-se-ven."其实这可以说不是在说句子，而是在读单词。

3.过于依赖教材进行教学，缺乏针对性和灵活性

教师在教学字母、单词的读音时，一般都是按照教材内容顺序按部就班地教，但一些众所周知的内容没必要花同样的时间去教。比如，水果apple和banana，动物monkey，dog和cat，以及简单的日常用语"Good Morning. Hello. How are you？"等，在教师没有教之前，学生大都已经会说、会读。对于这些内容，如果教师仍是从头到尾地按照教材教下去，就会削弱学生的学习积极性，降低他们的学习兴趣。

4.选用的英文歌曲不够恰当，表现形式比较单一

英语歌曲能很好地培养学生的语音、语调、语感，激发学生的学习兴趣。然而，当前小学英语课堂教学中选用的一些歌曲并不恰当。这种不恰当首先表现在有些教师往往采用中英文结合的歌谣，有些歌谣甚至只有一两个英语单词。这些歌谣读起来虽然韵律、节奏感都很强，但会使学生在学习英语时对汉语产生依赖。如教学歌谣"苹果苹果apple，香蕉香蕉banana"后，学生看到实物苹果时，首先想到汉语"苹果"，然后才想到单词apple，这无形中浪费了学生的智力和时间，造成学生的学习障碍，不利于培养学生的英语语感。

二、解决方法

（一）阅读部分

方法1

从学生的生活实际入手，引入话题。教师首先应明确交际的专题和教学目标，将之与学生的生活实际巧妙联结，通过问答、介绍、对话的形式来激活学生原有的经验储备，使之在积极、主动、活跃的思维状态下进入有意义的学习。如《牛津小学英语》6B Unit2 *More exercises*是一篇谈论运动的课文，语言项目包括跑步、跳高、跳远、游泳等运动名称和副词比较级的句型。针对这一学生熟悉的话题，教师可以用问题直接导入学习："Who is good at PE? Who can jump? Who cam jump higher，Tom or Jack? …"让学生在说说、做做、比比中初步感知语言。仍以本册教材Lesson20一课为例。该课通过中外两个孩子的对话，介绍了纽约四季的气候特点，教师可以引导学生以谈论家乡的气候为切入点开始课文的学习："What's the weather like here in spring? What about autumn here? Which season do you like best? My friend Lily wants to go to New York next week. She wants to know something about the weather in New York. What's the season now in New York? How about the weather there? Please look at the screen…"有了生活经验为基础，学生的认知过程充满感受，语言输出就自然而达意。

方法2

分步进行语言项目训练。教师将课文中的重点词汇（达到"四会"要求）功能句等语言项目分步进行机械操练、意义操练和交际性操练。

（1）借助图片、实物、教具等进行单词认读。通过形式多样的机械操练使

学生掌握正确的语音、语调。常用的游戏有摸物说词、看口型或表演猜词、拷贝不走样、听音传话、图片快速闪动、听指令做动作等，力求多种感官协调互动，使学生学得活泼扎实有效，牢固掌握词汇。

（2）将新的语言功能句呈现给学生，分层设计小任务予以训练。这一环节要注意的是：句型的呈现要借助情景的创设而进行，以便让学生明晰语言意义及使用场合；要将活泼有趣的形式与有效的语言实践有机结合；任务的设计要有较强的目标性、序列性和整体性。如围绕Asking the way这个主题中的句型"Excuse me，can you tell me the way to…？"以及应答句，教者可设置如下场景：利用课桌和标牌在教室前方模拟设置街道和十字路口，让学生在其中走走说说，以增强对下列短语和句子的感知："go along the street，turn left/right at the first/second/third crossing，in front of，next to…"在学生熟练掌握的基础上设计以下任务：①听对话录音，在所给的交通线路图片上标出某一特定地点的位置；②根据提供的地点图片，回答问题；③看城市交通图，听录音，猜猜"他在哪里"；④根据画面情景，用所学的句型编对话。以上任务从听、做、说、猜、编等维度精心设计，由易渐难，形成了一个环环相扣、层层递进的有机整体。

方法3

从视听入手，整体感知语言材料。"以问题推动学习，以任务贯穿课堂"是教师进行阅读教学设计时应牢牢把握的一条准则。首先借助课文主题图画、投影或多媒体课件呈现对话内容，使学生对语言背景有形象、直观的感性认识；让学生看图，带着问题听录音，发展听力理解的水平和能力，并对全文大意有整体的把握；以排序、选择、判断、连线等较为简单的检测方式帮助学生理清文章脉络。

方法4

具体了解语篇内容，加强过程指导。通过多层次、多角度读的操练，如自由读、默读、个别读、齐读、小组读、分角色读、接龙读等，以及师生、生生互动问答、对话，引导学生多开口、多表达，加强对学生语言文字感受力的培养，同时通过完成填空、填表、画图或回答问题等稍为复杂的任务的方式，帮助学生深入理解语篇内容。教师不仅要关注学生阅读反馈的结果，更要关注学生的阅读过程，如是否有疲劳、倦怠的心理，是否有指读、唱读等不良习惯，学生用什么方式阅读或表达，通过什么途径去获取有价值的信息和资料，怎样与他人合作，相互间的分工、协调以及合作的状态和效率如何等。对于这些动态式学习，教师要适时地予以指导调控，纠偏导正，使学生形成良好的学习态度、学习习惯和学习策略。

方法5

以语篇为单位综合训练，强化综合语言能力。

（1）用不同的方式复述课文，包括填空复述，把课文主题图分解成连环画看图复述，根据段落大意复述等。

（2）学生根据各自掌握的情况，自选一个段落或全篇，和同伴合作，把它表演出来。

（3）让学生进行接龙传话，把对话变成一篇短文，再写下来。

（4）完成教材中的相关练习，口头汇报。如听、说、演、编、写等技能训练全方位展开，基础性、层次性和拓展性相结合，不仅训练学生的阅读感知力和阅读鉴赏力，而且培养学生的阅读迁移力和阅读再造力，全面提高其综合运用课文知识的能力，并为下一环节实践型任务的顺利实施做铺垫。

方法6

实现训练型任务向实践型任务的过渡，培养语言运用能力。语言学习的最终目的在于正确熟练地运用。结合语言项目和生活实际设计任务，让学生运用所学语言自主交流，沟通信息，或去分析、解决实际问题，在完成任务的过程中，将所学语言内化为自己的语用能力。如所阅读的文章为介绍英国笔友Tom的个人信息，教师可因此设计一些创造型任务：让学生转换角色，假设自己是Tom，根据课文内容进行自我介绍，并表达自己想交一个中国笔友的愿望。再变换人称，向自己父母介绍Tom；给Tom写封信，介绍自己。这一系列任务促使学生从文本阅读者转化为语言实践者和活动参与者。在完成任务的过程中，教师除了关注学生的语言运用情况，也应该注重对学生语言交际策略的指导，这样的指导对学生真实的语言活动具有很大意义。

方法7

培养文化意识，拓展阅读空间。语言具有丰富的文化内涵，英语学习中有许多跨文化交际的因素，这些因素在很大程度上影响学生对英语的学习和使用，因此通过文化背景的渗透来培养文化意识有助于学生真正学好、用好目标语，这也是教师在英语教学中的一个重要任务。现行各版本的小学英语教材有不少涉及生活方式、传统习俗等的文化背景，如主要英语国家的国旗和首都、重要节日、重要标志物等，教师在教学过程中应通过语言介绍或生动的音像、图片资料向学生展示异国文化的风采，并引导学生利用课外时间去搜寻更多的相关信息。根据课程标准的要求，阅读能力的培养应"源"于课内，"流"向课外。即以课堂教学为轴心展开外延性拓展，将阅读的触角伸向更广阔的空间。通过经常性的阅读积累，巩固、扩大词汇量，提高学生的阅读速度和理解的准确度，逐步形成良好的语感以及阅读习惯和能力。为辅助课堂教学，教师可选择或编写学生感兴趣的、与课文主题相关、与学生知识水平相当的可读性课外阅读材料让学生阅读，体裁可以更为广泛，包括诗歌、童谣、谜语、对话、书信、故事、剧本等，实行教师推荐和学生自选相结合。教师应重点提供一些典型语篇，通过导读让学生掌握一定的方法和技巧，在此基础上，鼓励学生定时定量阅读，并使用自己喜爱的方式，如笔记式阅读、讨论式阅读、合作互动式阅读，使阅读更具个性和自主性。教师为了检查和评价学生的阅读质量，可在班级定期开展阅读交流汇报活动，以学生喜闻乐见的朗读、演讲、表演、比赛等形式展示成果，使学生在享受阅读所带来的乐趣的同时进一步增强课外阅读的兴趣。

（二）朗读部分

方法1

（1）通过教师的示范，营造良好的英语语境。教师正确、优美的语音语调以及流畅的表达会给学生创造一个良好的语言环境，有利于学生提高听的能力，形成准确的发音。读课文时教师应避免拖着长腔的唱读。教师还可以创设情景进行示范表演。例如，教学表示"请求"的表达时，教师可以用下面的表达形式进行示范，并告诉学生：对于同一个问题，如果回答的语调不一样，含义就不一样；同一个句子，停顿不同，意思有时会有差异。例如：

①A：Would you like to see a film with me?

B：OK? （I want to, but…）

B：OK.（Yes, I do.）

②Li Ping said, "My brother is out." "Li Ping," said my brother, "is out."

（2）让学生运用课堂上学过的词汇和句子进行情景对话，这种让学生读英语、说英语的做法可以收到事半功倍的效果。

（3）通过播放标准发音的录音带或VCD创设语境。录音带、VCD中声情并茂的范读以及画面和声音相结合的方式更容易激发学生的想象力，使其仿佛身临其境。

（4）采用极具韵律感的rap或类似rap风格的说唱形式也是营造英语语境的一种有效手段。以"Three Little Teddy Bears"为例，three，Teddy，jumping，one，bump，Jenny，doctor都可以读成重音，如果结合音乐的节拍（二拍子）与恰当的节奏，并以说唱的形式进行表演和练习，学生就能在轻松、愉悦的英语语境中练习语音。

方法2

（1）"以点带面"和"以面带点"。

语音教学应是以字母带单词，以单词学句子或以句子学单词，以单词带字母，字母、音素、单词三位一体进行教学。小学英语教学的目的之一是培养学生的英语语感，即对听、说的感性认识。这就需要教师在教学时既要指导学生练好单音，又要注重帮助学生在英语语流中练习语音和语调，把语音、单词与实物结合起来，在学生头脑中形成一个整体印象，而不是孤立地教学生发音。例如，在教学生nose这个单词时，教师可以手指鼻子，嘴里读nose，充分调动学生的视觉、听觉器官，以使其达到最佳状态。

（2）把单词置于句子中进行练习。

联系上下文进行练习可以帮助学生理解语音与意义之间的关系，增强学生的交际意识。比如，在进行mouse/mouth的对比练习时，可以将其放在句子中进行操练。例如，教师说："Tom has a big mouth/mouse."然后让学生做出不同的回答，可以是口头回答，也可以采用绘画的方式。这种联系性极强的教学活动不仅可以有效地帮助学生快速理解单词及句子的含义，还能有效地提高语音教学效率。

（3）采用直接认读的方法进行语音教学。

由于英语的发音往往不是由单个字母表示，字母与音标之间不是一对一的关系，因此在语音教学中应注意培养学生直接认读的能力。例如，在英国幼儿英语教学中诸如like，going，this，that，come，go，play，swim，mum，dad等，都是按照整体形状直接认读的，在中国的小学英语教学中，也可以采用这种方式。

方法3

教师在教学中应充分考虑学生原有的英语水平和个体差异，新知识的传授必须与学生个体的知识经验、背景、词汇、概念等相联系，使旧知识成为接受新知识的基础。在讲授新的知识点时，要采用能激起学生的学习动机、适合学生的过去经验和现有能力、并能使新知识点纳入学生的认知结构的方法。这就要求教师了解学生的年龄特征与英语水平，清楚学生已有的知识水平和能力，并以此为依据进行教学。同时教师要恰当选择教学材料，教学内容力求少而精，并能用生动的例子使所教授的内容与学生的已有经验联系起来，以促进学生对材料的理解。在上课之前教师可以让学生自己说一说他们已知道的英文表达。例如，在进行字母教学时，教师可以问学生：你们知道哪些英文字母？学生会给出各种各样的回答：我会读CCTV，那是中央电视台；我会读J，Q，K，因为我们打的扑克牌有这些字母；我会读ABO，那是我们的血型；我会读WTO，我爸爸经常在家谈到中国已加入了WTO；我会读VCD，我家就有一台VCD；我会读MP3，因为现在流行MP3……这样的活动还可以调动学生学习的积极性，启发他们的思维，让他们养成把身边的英语与所学的知识联系起来的好习惯。

方法4

教师可以从最常用的日常用语入手，对小学生进行语言输入，使他们对英语有个初步的感知，因为从学生熟悉的生活实际出发进行引导，学生更容易接受。这就如把一个小学生置身于一个陌生的环境，如果有人带他去，让他对该环境有所了解、熟悉之后再把他单独留下，和一下子就把他单独留下相比，前者更能使他适应。因此，和中文交友相联系，从学生熟悉的生活实际出发进行引导能使学生更容易接受。如运用下面的日常用语：Good morning!/What's your name？/My name is…/Nice to meet you./How old are you？/I'm…

方法5

（1）选用英语童谣或歌曲进行教学，培养学生的英语语感，激发学生学习英语的兴趣。例如，学习动物类单词时可以采用歌谣"Three Little Teddy Bears"，然后将"Teddy Bears"换成"monkeys""tigers"等。

（2）歌曲的表演可以采取接龙唱、小组唱、对唱和表演唱等不同形式。选择那些能灵活采用各种方式表演且富有童趣的英语歌曲进行语音教学，不仅能培养学生的韵律感，还能提高课堂教学效率。

三、小学英语阅读的教学活动示例

（一）示例活动1

活动名称：匹配游戏（Matching）。

教学目的：训练学生词汇认读能力。

活动准备：根据课文或对话内容准备一些图片和词汇短语卡片。

活动步骤：

（1）将学生分成四人或六人组。

（2）将图片和词汇搞混，发给各组。

（3）让学生将相应的图片和词汇边读边匹配。

（4）匹配好的小组派代表站起来朗读匹配好的词汇，用时最少并正确的小组获胜。

如表示动作的词汇walking，thinking，smiling等以及相应图片，或者表示物品的词汇note，table，box，door等以及相应图片。

活动建议：也可以利用幻灯或多媒体将图片和词汇混乱展示。

（二）示例活动2

活动名称：阅读绘画。

教学目的：训练学生阅读理解的能力。活动准备：预先写好对学生的绘画要求。活动步骤：

（1）教师利用幻灯或多媒体展示绘画要求，如让学生画一个场景。

（2）让学生阅读绘图要求，然后根据阅读提示画画。

（3）学生说出自己所画为何物，并对自己所画之物进行描述。

There is a desk in the middle of the room.There are two apples on the desk.There are two cats under the desk.There is a chair beside the desk.

There is a boy standing in front of the desk.活动建议：

（1）可以分成四个小组，每组阅读一个要求，然后根据要求画画，看哪组画得又快又好。

（2）可以让每组派两个代表，一个读出要求，另一个画，看哪组画得正确美观而用时又短。

（三）示例活动3

活动名称：儿歌诵读比赛。

教学目的：训练学生正确的朗读能力。

活动准备：印发儿歌 "Three Little Monkeys". Three little monkeys jumping on the bed. One falls off and bumps his head.

Jenny calls the doctor and the doctor said：No more monkeys jumping on the bed. Two little monkeys jumping on the bed. One falls off and bumps his head.

Jenny calls the doctor and the doctor said：No more monkeys jumping on the bed.

活动步骤：

（1）将儿歌分发给学生。

（2）给学生两分钟准备。

（3）让敢于站起来读儿歌的学生到讲台朗读。

（4）由全班同学一起投票评出朗读明星。（标准：发音准确，朗读流利，仪表大方，能配上相应的动作）

（5）全班一起有节奏、有表情地朗读，并配上相应的动作。

活动建议：

可以分成四个小组，每组阅读一段，或按要求替换单词再读，看哪组完成得最好。

（四）示例活动4

活动名称：儿歌接力赛。教学目的：训练学生正确的朗读能力和应变能力。

活动准备：教学儿歌 "Apple. Apple. Where is the apple？" Apple. Apple. Where is the apple？ I'm here. I'm here.

Orange. Orange. Where is the orange？ I'm here. I'm here.

Pear. Pear. Where is the pear？ I'm here. I'm here. Banana.

Banana. Where is the banana？

活动步骤：

（1）将儿歌抄在黑板上教给学生。只抄和教前三句即可。

（2）教会学生将句子中的名词变换，如将orange换成pear。

（3）示范做一次。如第一组是apple，第二组是pear，第三组是banana。第一组问第三组"Banana.Banana.Where is the banana？"第三组回答："I'm here. I'm here. Pear. Pear. Where is the pear？"第二组回答："I'm here. I'm here.Apple. Apple. Where is the apple？"这样就可以轮流问下去。

（4）活动开始。看哪组回答得又快又好，而且问的问题统一、音调整齐。因为一个组，有的学生可能想问"Where is the pear？"但有些又想问"Where is the banana？"

活动建议：

（1）可以将名词变换，如换成动物的名称tiger，lion，monkey，panda等。这样就可以熟练表达和提问。

（2）注意如何将本组的思想统一，使大家问的对象一致。如可以让一个学生举水果或动物的画，表示全组要问图片中的物体"Where is the ......？"

四、技能训练

（1）选择一首小学英语童谣，比一下看谁朗读得最好。

（2）选择一篇小短文，写出阅读教学的教案，分小组试讲，然后点评。

第五章　小学英语对话教学

第一节　小学英语对话教学的目标和内容

一、小学英语对话教学的内涵

对话教学就是在平等民主、尊重信任的氛围中，通过教师、学生、文本三者之间的相互对话，在师生经验共享中创生知识和教学意义，从而促进师生共同发展的教学形态。对话教学是一种尊重主体性、体现创造性、追求人性化的教学。对话教学开辟了教学的主体间性领域。教学的主体间性是指教师和学生的内在相互性，是两个平等主体间的相互性和统一性，它体现了师生双方主体的尊重。在教学的主体间性领域，师生双方共同了解，不仅了解自我，而且承认"他我"。在交往中，师生双方人格平等、机会平等，双方默守共同认可的规范。

因小学英语学科自身的特点以及小学生的特点，小学英语对话教学既有与其他教学形态相通的地方，也有属于它自身的独特内涵。在教学中，师生之间不再是以知识为中介的主体对客体单向灌输的关系，取而代之的是一种"我—你"对话关系。师生作为具有独立个性和完整人格的主体共同步入"我—你"之间，双方都不是把对方看作对象，而是跟对方一起互相承认，共同参与，密切合作，享受着理解、沟通、和谐的对话人生。

二、小学英语对话教学的特征

小学英语对话教学作为一种教学形态，结合小学英语教学的特点，有着自己独有的特征。下面我们就结合课例从几个方面来阐述小学英语对话教学的特征。

（一）平等、民主

平等是指对话双方都是独立的主体，双方是"我—你"关系。在对话教学中，学生与教师是平等的主体，没有谁是主体谁是客体之分、尊卑贵贱之分，同时师生对事物都应有自己独特的理解。民主则是指对话双方可以各抒己见，允许不同的声音存在。小学英语对话教学不同于传统独白式灌输教学——教师是知识的传授者，常以长者和权威的身份自居，教师和学生是平等的对话的主体，教师以伙伴的身份或者合作者的身份，以尊重的态度跟学生进行对话，倾听学生的声音，学生也从各种束缚中解放出来，跟教师零距离接触。

（二）互动交往

所谓交往，就是主体之间的相互作用、相互理解、相互交流、相互沟通，这是人基本的存在方式。交往是教学中必不可少的要素，而对话是教学交往的重要途径和形式。同时英语教学作为一门语言教学，是一门实践性很强的学科，是动态式的教学。而小学英语教学面对的是儿童，因此小学英语的教学活动本身就是在大量实践过程中进行的。这一过程既要体现语言的情境性、交际性，又要有学生的积极参与，两者缺一不可。因此互动交往必然成为小学英语对话教学的一个重要特征。

在小学英语教学课堂实践中，自导、自演的小品时常上演，这些实践充分提高了他们参与的积极性，使枯燥的英语对话变成声情并茂的语言情景，较大地提升了学生的参与意识和积极性，使他们在不知不觉中进入了这种新颖的语言环境，充分体现了英语对话教学的互动性。

（案例）Module 4 Unit 2 *Western holiday*—Look and read Halloween部分（五年级第二学期）（课堂表演）

班级30个学生分别精心装扮自己，有的打扮成黑猫、小妖精，还有的打扮成僵尸、骷髅、南瓜头等，和教师一起准备好南瓜派、巧克力、甜点和糖果等，大家一起进行 trick-or-treating 的游戏，整个教室就是欢乐的海洋。教师充分利用文本对话，使得教师和学生、学生和学生之间因为这样的表演，有了交流、沟通和互动，把无聊的书本对话变成丰富快乐的语言情景，调动了学生学习的积极性，同时学生之间对Halloween这个节日的交流、互动，使学生扩充了书本知识，丰富了视野。

从这个案例中，我们可以看出真正的对话教学强调师生之间动态的、互动的信息交流，实现师生互动、相互沟通、相互补充，从而达成共识、共享，这正是教学的真谛。

（三）开放性

传统的课堂是孤立的、封闭的，教师与学生是主动与被动的关系。在对话教学中，教师"赋予学生最充分的民主"，给学生提供尽量多的时间和空间，以此来培养学生的自主意识。对话教学的开放性首先表现在对话内容是开放的，不会刻意追求答案的唯一性和标准性，不局限于教材，涉及范围可以宽泛；其次是主体自由，不受束缚，学生可以自由表达自己的思想感情，自由发表意见。但是开放性需要教师进行调控，将学生的开放程度控制在合理的范围内，例如，不偏离主题太远，答案不离奇荒诞，等等。

（案例）Project 3 Think and discuss（五年级第二学期）

（教学片段）：

What was your school like two years ago?

（我们学校两年前是什么样子？）

What is it like now? Discuss the changes in your school.

（现在是什么样子？谈谈学校的变化）

活动目的：通过列举学校的一系列变化，来巩固Module 3 unit 3 Changes这一单元的重点知识，能用英语熟练表达空间位置的变化，同时通过讨论学校的变化，使学生们用眼睛用心感受学校的变化，产生对学校的热爱，爱护美丽的校园。

活动过程：

T：There are great changes in our school in these two years，OK?

Can you tell me what are they?

（老师：在这两年里我们学校有很大的变化，对吗？那么你们能告诉我有哪些变化吗？）

Ss：Library，playground，classrooms，gym……

（学生：图书馆，操场，教室，体育馆……）

T：Can you tell me about the changes of the library?

（教师：同学们能说说图书馆的变化吗？）

S1：The library was small，but now it is big.

（学生1：图书馆以前很小，但是现在很大。）

S2：There were few kinds of books in the library，but now there are many kinds of books.

（学生2：图书馆以前只有种类很少的书，但现在种类很多。）

S3：I think the library was small but clean，today，the library is dirty. I do not like it.

（学生3：我认为图书馆以前很小但是很干净，现在图书馆却很脏，我不喜欢。）

T：Oh! I find the library is dirty too. But what things make the library dirty?

（教师：对，我也发现图书馆很脏。但是是什么导致图书馆脏呢？）

Ss：Paper，snacks，water……

（学生：纸屑，零食，水……）

T：What else?

（教师：还有其他原因吗？）

S4：Some students on duty cannot clean it well and some students do not keep the books in order.

（学生4：有些值日生并没有打扫干净，并且一些学生还书时没有摆放整齐）

T：OK! You are very careful! But how can we help to solve the problem to protect our school?

（教师：很好，你很细心。但是如何解决这些问题来保护好我们的校园呢？）

本案例先由教师提出某一话题，学生开始纷纷作答，延伸话题，且话题具有开放的空间。教师对学生的讨论进行引导、启发，留给学生独立的自由的想象空间。教师提出的问题是一个开放的问题，学生可根据自己的感受、看法来回答，这充分体现了对话教学的开放性。最后教师通过提问来激发学生课后研究性学习，以此让学生置身于开放性的现实情境中，自主学习，主动探索。

（四）创生性

小学英语对话教学作为一种认识活动，具有创造性。它是在动态开放的环境中通过师、生、文本三者之间的对话来实现知识的生成。教师不是简单地教授，学生也不只是简单地接受，而是以一种互补的方式，在合作中建构自己的认知。语言学具有其特殊性，学生学习语言的目的不是机械背诵，是为了能用语言巧妙地表达自己的所思所想，并能创造性地运用语言知识去交流、表达，以及理解和解决语言问题。

三、小学英语对话教学的类型

对话教学是在教师、学生、文本三者之间的交流过程中进行的。根据对话主体的不同，英语对话教学有以下几种类型。

（一）师生对话

师生对话是最常见的对话形式。师生对话"不仅包括言语的对话，而且是指双方的敞开和接纳，是对双方的倾听，是指双方共同在场、相互吸引、互相包容、共同参与的关系，这种对话更多的是指相互接纳和共同分享，指双方的交互性和精神的互相承领"。

首先，师生对话主要表现在课堂对话上。在整个教学过程中，如何活跃课堂气氛、激发学生学习兴趣、提高课堂效率值得我们钻研。小学英语对话教学中，小学生有的表现出喜欢，有的表现出反感，有的兴趣不大，学习很被动，因此调动学生学习积极性、增加学生学习兴趣、培养学生积极的学习态度是关键。在英语课堂对话教学中，教师不只是讲解知识，更可以采取措施增加小学生的情感体验。例如，教师在课堂上可以合理地提问，提问面向全体学生，使学生都能积极参与进来，并且用友好的语调提问，回答正确要给予表扬。如"Good!""Wonderful!""Well done!""You are great！""A good answer!"等，这样会使学生获得一些成就感。如果学生回答不出来，教师不要当场斥责学生而是应委婉地说："I don't think so, come on!""I believe you can do better next time!""Never mind, think it over, you can do it well!"这样能够使学生从心理上去掉负担，不用考虑回答正确与否，有想法敢于踊跃表达。经验告诉我们：教师在课堂上要多鼓励，少斥责；多从学生角度考虑问题，保护好学生的自尊心。通过课堂上合理的师生对话来帮助学生增加英语学习的兴趣和动力，减低学生的焦虑心理，使学生主动参与课堂教学，加快自己的前进步伐。

其次，师生对话还表现为课后对话。课堂上教师与学生的关系有着明显的界限，受到一定的束缚和限制。在课下关系相对舒缓，氛围轻松，教师应充分利用这些时间多与学生进行交流，尤其是对学习积极性较差的学生，帮助他们树立自信，让他们感觉到老师对他们的关心和照顾，只有这样，师生之间的关系才能更好地维护，从而促进英语学习。

（二）生生对话

生生对话是指学生与学生之间在课堂教学中就某一个共同话题展开的讨论和交流，是学生之间交流自己对文本理解的过程。在传统教学中，生生对话没有受到重视，在对话教学中，生生对话则受到高度的认可，被认为是教学中宝贵的资源。学生之间更多的是伙伴关系、友谊关系，使得学生之间更容易交流，更容易发表自己的看法。生生之间通过合作、交流碰撞出火花，交换看法，取长补短，共同进步。同时在交流中学会合作，尊重他人，学会辩论。这种自由的畅所欲言的天地有利于激发学生的学习兴趣和学生主动参与的意识。在现代小学英语课堂中，教师经常采用的一个环节就是学生与学生之间的交流，学生与学生之间的合作。例如一问一答这种简单形式的对话：

SA：What a mass! Whose school bag is this？　Is it yours？

（A学生：真是一团乱啊！这是谁的书包？是你的吗？）

SB：Yes，it is mine.（B学生：是的。这是我的）

通过角色互换，一问一答，学生在轻松愉悦的氛围中记忆文本，同时也学会合作。总之生生对话让课堂教学不再封闭，使课堂更加活泼、充满活力。

（三）生本对话

生本对话指的是学生对文本的理解和批判。传统教学中，学生更多的是记笔记，依附于老师来理解课文，并且不同学生对文本的理解大致相似，但事实上文本的意义具有不确定性，从不同的视角去解读就会有不同的意义。对话教学要求学生主动学习，学生根据自己的思维习惯、知识背景去理解体验文本，文本与学生不再是灌输与被灌输的关系，而是一种对话，是学生对文本的一种理解、体验或者感受。在当今英语课堂中，学生主动参与到与文本对话的比率大大提高，学生进入课堂时就已经带着自己的疑惑、理解，和教师、学生进行对话，因此课堂就是充满着对话的课堂，因为有问题存在。

四、学生的自我对话

学生的自我对话是指"现在之'我'与过去之'我'，现实之'我'与理想之'我'的对话，是'此我'与'彼我'的对话"，是对自身的反思、思考或者追问。在课堂对话中，学生难免会产生分歧、疑惑，正是这些疑惑促使学生去反思，去探究，在解答疑难的过程中自身也得到发展。因此教师要多引导学生进行自我对话，在自我对话中进行自我建构、自我体验。

在教学中，主要是这四种对话形式，另外两种形式是教师的自我对话与教师和文本的对话。教师与文本的对话是指在教学过程中教师以其特有的视角对文本进行的理解。教师的各方面因素都将影响教师对文本的理解，教师理解文本的过程不是消极接受的过程。教师的自我对话则是教师的自我反思。教师针对课堂教学效果、课堂教学情况等方面进行反省，以此来积累经验，提高自己的教学能力。

五、对话教学的目的

（一）激发学生学习英语的兴趣

小学生学习英语能否取得成功，很大程度上取决于他们对学习内容的兴趣。对话教学为小学生提供了一个生动、活泼的学习氛围，在激发小学生的学习兴趣方面具有独特的优势。在对话教学中，教师充分利用实物、图片、简笔画、动作、表情和语言等创设情景，化抽象为具体，使学习变得容易而有趣。如教表示颜色的英语单词时，教师让学生带一些标有不同颜色的物品在课堂上进行辨认，同时引导学生说出表达颜色的英语单词；在教动物名称时，让学生戴上自己喜欢的动物头饰，进行动物对话表演；教文具名称时，让学生画出自己喜欢的动物或图案，再涂上颜色，并用学过的英语词句进行描述。这样的教学方式使学生处于积极的学习状态中，在观察、思考、交流与运用中轻松愉快地操练对话内容，同时还能充分发挥学生的主体性、合作性和创新性，培养他们的观察力、记忆力和实践能力。

（二）培养学生良好的学习习惯

小学阶段是学生形成良好学习习惯的最佳时期。因此，在对话教学中，教师应注重从以下几方面培养学生的良好学习习惯：

（1）认真听示范发音，看教师的示范发音口形，注意观察其变化。学生模仿教师的发音，养成认真倾听的良好习惯。

（2）养成大胆开口说英语的习惯，大声朗读、大胆表演。学生从敢说、能说到大声说、最后到说得好，需要一个过程。教师要注意及时纠正学生发音上的错误，培养良好的发音习惯。

（3）创设情景，提供机会，使学生有充分展示自己的空间。如在学习动物名称时，让学生模仿动物的声音和动作，或画或做，进行情境表演；又如在教家庭成员名称时，让学生带来家庭照片在课堂上进行对话表演。这样的方式既能给学生提供运用英语的机会，又能发挥学生的想象力，提高学生的创造思维能力。

（三）培养学生的综合语言运用能力

英语课程标准指出：英语课程的学习既是学生通过英语学习和实践活动逐步掌握英语知识和技能的过程，又是他们磨砺意志、陶冶情操、拓宽视野、丰富生活经历的过程。因此，在对话教学中，教师应努力为学生提供尽可能多的实践机会，让学生自己去发现知识、归纳知识。

（四）培养学生的合作精神

现代教育理论认为，个体的智慧和能力是有限的，必须与他人合作学习才能培养学生的合作精神。在教学中建立学习小组能充分发挥学生个体间的优势互补和团体协作精神。教师在教学活动中通过合理分组、角色分配等多种形式培养学生之间的交流与合作精神。同时适时地对他们的合作精神予以评价和激励，以提高小组的集体荣誉感，提升他们积极进取的精神。

总之，小学英语对话教学的目的在于培养学生的学习兴趣和良好的学习习惯，培养学生运用语言的基本能力，培养学生的合作精神，为他们的终身学习和发展打下良好的基础。

六、对话教学的内容

孔子对话教学的内容集中在《六经》，涵盖政治、历史、道德、风俗习惯等诸多领域；苏格拉底的对话教学涉及正义、勇敢、善良等人格的各个方面，两位伟人的对话内容都是相当广泛。因此，现代意义的对话教学内容在教师的课堂上不应该只是教材文本或者是教师所擅长的领域，其他领域的内容只要对于对话参与者有意义，都可以生成对话。举个例子，英语课堂上老师对话教学不再仅是关于英语方面的知识，如果在其间碰见关于地理、历史方面的内容，我们也应该和同学们展开对话，而不是一笔带过。当然，这就对我们教师提出了更高的要求，教师需要广博的知识，只有涉及更广内容的对话，师生才能在对话教学的过程中获益更大。

七、对话教学的实践形式

如前所述，对话教学是一种方法，但更是一种理念和原则。在对话理念下教学的方法是多种多样的，讨论、小组合作、情景教学、交际教学都可以成为教学课堂对话的具体形式。由于对话不仅包括人与人之间的交流，也包含人与文本及其自我的对话。因此，有学者把对话教学的实践形式分为言语性对话、理解性对话、反思性对话等几种课堂实践形式。

八、对话教学的环境

对话教学是在一定的历史背景下，在一定的社会、文化氛围下进行的。在这里，我们所讲的对话教学的环境除了这些宏观的环境，更主要是指对话教学实施的物理环境和心理环境。物理环境包括班级的布置，班级人数，班级桌椅的排列方式。正如戴克尔说，教学活动是在一定的物理环境中进行的，这一环境在某些十分重要的方面制约着学生与发展的可能性。研究发现圆桌型的方式，由于人们易于进行目光交流，更容易交谈，因此它是比较理想的对话教学的摆放形式。由于我国课堂人数相对较多，通常会采取小组的形式进行课堂对话。对话教学的心理环境主要是指开展对话教学时师生所处的心理状态。师生关系融洽，彼此亲近固然是比较良好的对话教学心理环境，但对于小学英语课堂对话教学来说，师生更重要的是具备对话的意识、意愿，具备使用语言或其他非语言形式进行交际的能力。当然，只有在校园文化相对开放、自由，师生关系融洽，班级氛围和谐，课堂气氛相对活跃，师生之间彼此信任、友爱时，那种意义生成性的对话才更容易出现。

综上所述，我们认为对话教学是在"成人"目标的指引下，在适应对话的环境下，运用多种方法，促进新意义的生成，注重发挥师生相互作用的教学。它既是我们教学应该具有的一种理念和原则，师生能够平等交流、真诚对话，同时，它也是我们诸多教学方法大家族的一员，在对话中师生共同成长。

第二节　小学英语对话教学的原则与意义

一、小学英语对话教学的原则

对话教学主张在平等民主、沟通合作的教学范围内进行教学，就对话教学实施过程来说，需要注意以下几个原则。

（一）分层并重原则

从教学的对象来看，对话教学面对的不只是所谓的好学生，而是每一位学生。对话教学的民主平等性决定每一位学生都应该积极参与到对话教学中来，使每位学生的潜质都能得到最大限度的开发。小学生的特质差异明显，在小学英语课堂中，要克服英语教育中大家同步进行、同步学习、整齐划一的弊端。教师要关注到每个学生的特点，对症下药。例如，英语课堂中教师的提问，教师尽量不重复提问某些成绩好的学生，小学班级人数适中，因此应该尽量使每位学生都有发言权。同时要注意课堂问题的多样化，使不同水平的学生都能有机会参与其中，从中获得成就感，最终建立信心，培养积极的态度。

（二）活动性原则

对话教学不同于以往的只是单一传授的传统教学，它是一种动态的教学形式。尤其是针对小学生的身心特点，不论是师生方面或者是生生方面，都应该是充满活力的。在现代英语课堂教学中，教师多采用活动形式来组织大家一起学习，例如，在五年级第二学期 Module1unit1 中，Look and learn 部分，重点是掌握关于学生学习用具的单词：Crayon，tape，glue，brush，等等，教师采取的教学方法并不只是简单的讲授，大家跟读，而是采取活动的形式，教师准备好这些课堂道具，让大家一起来归类，并写出其英文单词，同学们纷纷开始归类，写单词，但有的单词可以写出，有的没有学过不会拼写，这就调动了学生们的积极性，有强烈的意愿想得知自己不会的单词。教师在这种情况下，讲授引导，学生不但记忆牢固，并且课堂教学也充满乐趣。再如生生之间，教师可创设情境，激发兴趣使学生充分参与其中，相互合作，讨论交流，思维碰撞，迸发灵感。

（三）知识与能力并重原则

小学英语对话教学目的，不仅仅是增长学生的英语知识，还要提升学生的各方面能力。对话教学的互动性决定了对话教学过程中学生与学生之间的合作，学生通过合作集思广益，思维互补，合作能力得以提升。同时现代社会是一个终身学习的社会，对话教学平等、民主、开放的特性使得学生有意识去怀疑、批判，不迷信书本。对话教学对学生是终身受益的。因此，对话教学不仅帮助学生增长知识，同时培养了学生多方面的能力。

二、小学英语对话教学的意义

对话教学作为一种全新的教学形态，不论是在理论或者是实践方面都有着巨大的意义。

（一）有助于形成新型的师生关系

在传统课堂中，教师讲学生听，师生充当着传授知识和接受知识的工具，教师占有主体地位，学生则是被动的接受者。而新课程强调新型的师生关系，教师的任务是帮助学生迅速地掌握知识、发展智力，丰富社会经验。课堂教学不再是知识单向的传输过程，它需要有学生的积极的、富有创造性的参与，需要发挥学生的主体性，师生关系在人格上是平等的。英语课堂中的对话给予教师与学生更多平等的机会，教师不再是课堂的掌控者，学生成为教学的主体。对话教学为学生的自主学习、潜能的开发创造了一种宽松、和谐的环境。在对话教学中，教师的角色在不断地调整与转换，有时是导演，有时是学生的朋友、合作人，有时是演示者、主持人，课堂中由学生适应教师的教转为教师适应学生的学，能够提高课堂教学效率。

（二）有助于提高学生学习的动力

英语作为一种语言，是人际交往的工具。语言主要是在相互交往的过程中学会的，英语对话不仅是英语学习的途径，也是形成英语学习的动力之一。在课堂教学中，通过对话，可以帮助学生建立起语言之间的联系，还可以帮助学生把实物的、图画的、符号的、口头的概念联系起来，加深对英语的理解。

（三）有助于学生的社会化

在家庭之外，学校是学生接触的第一个社会机构，是他们学会与陌生人相处的场所。而英语学习学时之多，学习时间之长，使得英语课堂成为学生了解社会、认识自我的重要场所。通过英语的对话学习，学生能够初步了解西方文化，在与同伴的对话中，能够把自己的观点与别人的观点相互比较，认识到自己的观点与别人观点的相同点或不同点，并对自己的看法提出质疑或修改意见。在这种对话中，他们学会摆脱权威的束缚，相互尊重，互相协作，发展自己独立的评判能力，逐步融入社会中去。

（四）有助于完善学生的认知结构

英语对话，是学习者用口头语言对英语知识的建构或观点的表达。对话中总是包含着主体的创造性，也是主体建构的具体过程，对英语认知结构的完善起着至关重要的作用。

首先，对话能帮助学生达成对知识的全方位的理解。其次，对话使个体的思维成果社会化。英语思维的成果最初是作为个体的内部知识而存在的，既不能在社会实践中得到检验，也无法为社会认同。只有将知识表达出来在社会中传播、完善，英语知识才能最终实现其自身的价值。最后，对话作为一种有效的学习途径，既能保持英语思维的简洁、快速，又能克服英语思维中的模糊性。对话要求学生把思维变成外部语言，并利用外部语言对思维活动进行加工、整理，以澄清和巩固思维成果。因此对话对学生的认知结构的完善有着重大的作用。

第三节　小学英语对话教学的方法

在当今世界日益全球化的背景下，英语作为一种国际交流语言，变得越来越重要。对于小学生来说，学习英语不仅可以为他们的未来打下基础，而且可以培养他们的跨文化意识和国际视野。本节将探讨一些有效的小学英语对话教学方法，包括情景呈现、意义操练、表演对话和应用拓展。

一、情境呈现，感知语言

情景呈现是小学英语对话教学的基础。教师通过创设真实的或模拟的情景，使学生能够更好地理解和运用对话。情景的创设应该考虑到学生的生活经验和兴趣，以吸引他们的注意力并激发他们的参与热情。在情景呈现的过程中，教师可以使用图片、视频、实物等多媒体手段，以及角色扮演、游戏等教学方法，帮助学生更好地理解和记忆对话内容。例如，在教授关于动物的对话时，教师可以准备一些动物的图片或玩具，让学生在真实的情景中学习和交流。

在以往的小学英语对话教学中，很多教师为了节省课堂时间采用了直接对话的方式，这样的对话教学方式太过机械性，学生成了一个念经的和尚，英语对话变得口不对心，取得的教学效果自然也不理想。为此笔者认为在进行的小学英语对话教学中，教师能够遵循情境性原则，在对话前为学生创设情境，这样才能调动学生的学习兴趣，从而让学生感知语言。如在学习My family相关知识的时候，教师可以利用多媒体为学生展示一些他们的家庭照片，或者为学生播放一些以往家庭中的温情录像，然后再以此为基础，让学生进行关于家庭成员方面的对话介绍，从而让学生练习"This is my father，he is very brave，this is my mother，she is very beautiful"这样的对话，这就是一种融情于景、融情于语言的情境对话方式，可以内化学生的情感，加快对语言的感知了解，这是有助于学生口语对话能力提升的。

二、意义操练，巩固对话

意义操练是小学英语对话教学的重要环节。通过反复的操练和练习，学生可以加深对对话的理解，提高他们的口语表达能力和听力水平。意义操练就是指在语言机械操练的基础之上，让学生自己去运用语言材料进行比较有意义的交际活动。教师可以设计各种形式的练习，如小组讨论、角色扮演、填空练习等，帮助学生巩固对话内容。此外，教师还可以利用多媒体手段，如在线资源、语音识别软件等，为学生提供更多的练习机会。同时，教师还可以鼓励学生相互评价和自我评价，以促进他们的反思和自我提升。为了能够对学生进行更好的训练，在教学过程中教师还可以对传统的意义操练进行改良，在其中增设一些新的词汇或者短语，从而实现巩固对话的教学效果。在这里笔者举这样一个例子，如本节课中主要让学生掌握的对话句型就是"Do they have …？ Yes，they do/ No，they don't."在意义操练对话教学中，教师可以为学生准备一些生活常见物品，如苹果、铅笔、橡皮，然后通过这些物品让学生进行特定的实际情境对话训练，如当教师拿出苹果时，学生就要说出Do they have an apple？ Yes，they do/ No，they don't.在这样的意义操练中，操练了新的句型，加深学生旧的词汇练习，最终实现巩固提升的教学目标。

三、表演对话，应用拓展

表演对话是小学英语对话教学的最高境界。通过表演对话，学生可以将所学知识应用到实际生活中，提高他们的自信心和语言表达能力。教师可以组织学生进行角色扮演、短剧表演等活动，让学生在轻松愉快的氛围中展示自己的学习成果。此外，教师还可以鼓励学生将所学对话改编成故事或歌曲，以拓展学生的想象力和创造力。同时，教师还可以将学生的表演录下来，并在班级或学校活动中播放，以激发学生的参与热情和成就感。

为了更好地实施小学英语对话教学，教师需要注意以下几点：首先，教师应注重培养学生的兴趣和自信心，以激发他们的学习热情；其次，教师应注重培养学生的合作意识和团队精神，以提高他们的社交能力；最后，教师应注重与家长的沟通和合作，以形成教育合力，促进学生的全面发展。

从小学生的性格特点分析，爱玩、爱动是学生的天性，并且表演能力与模仿能力都比较强，因此在进行小学英语对话教学过程中，教师可以采用表演对话的方式，在突出学生主体作用的同时，让学生的口语对话能力得到进一步的拓展，这是有助于学生口语对话能力提升的。如在学习"At the zoo"相关知识的时候，教师就可以发挥学生的天性，让学生分别模仿自己喜欢的小动物，从而进行动物园之中的情景剧表演，如有的学生扮演兔子，有的学生扮演老虎，从而进行打招呼的对话演练，这样的对话训练不但给予了学生更多展示自己的机会，同时也让学生感知到了英语学习的乐趣，这是有助于学生口语能力大幅度提升的。

在国际化交流日益深入的今天，加强学生的口语对话能力训练至为重要，为此，在今后的教学中，教师要不断地对小学英语对话教学原则及教学方法展开研究，从而实现学生口语交际能力的提高。

总之，情景呈现、意义操练和表演对话是小学英语对话教学的重要组成部分。通过这些教学方法的应用和实践，学生可以更好地理解和运用英语对话，提高他们的口语表达能力和自信心。同时，教师和家长也应积极参与和支持学生的学习，为他们的未来发展打下坚实的基础。

第六章　小学英语阅读教学模式的设计

第一节　设计的原则

一、了解小学生的英语阅读心理，驱动阅读需要

著名学者黄翰林认为，对于学龄在7岁至12岁的小学生来说，他们对整个世界充满了好奇，渴望获得更多的知识，尽快了解这个广阔的世界。因此，这个年龄段的孩子有学习新事物、新知识的强烈欲望。有插图的书，教师的描绘性语言，都能很快引起他们的反应。如何遵循着"感性——理性——再感性——再理性"的阅读心理程序来发展学生的认识，通过由文字到思想、由形式到内容、由部分到整体的心理过程来组织教学是首先要研究的问题。

现代社会英语应用广泛，所以社会生活需要小学生从小就强化自己的知识、智力与精神素质，这就是外部的驱动力。与此同时，还存在内部驱动力。学生阅读书籍也是一种心理、生活的需要，可以起到交往、缓解紧张、消磨时间的作用，这是符合青少年学生的阅读心理特征的。对小学生来说，阅读能满足他们精神世界的需求，选择想看的英语书籍，他们可从中获得更多的乐趣。时间长了，学习英语的主动性就会增强。作为一名教师，更应该重视内部驱动力的作用，在日常教学中通过多种方式，提高小学生阅读的兴趣，使之转化为内部驱动力，变为深一层的阅读动机。阅读一旦成为一种兴趣爱好，那么学生自然而然就会带着思想去阅读，在教学中教师尤其要注意选择能激发学生自身阅读需要的语言材料。一般来说，有趣味的、幽默的、符合学生英语实际水平和年龄特征的材料，有利于驱动小学生的阅读需要，能让学生感到阅读是一种享受，是浏览文章，而不是呆板地读文章。

二、激发英语阅读兴趣

只要对事物产生兴奋点，即发生兴趣，那么学习的着力点就找到了，有了点的支撑，学习的动力随之源源不断而来，多元智能开发也不会成为问题。在小学生学习的过程中，兴趣更是起到了主要的作用，兴趣往往决定了他们的学习主动性与积极性。为此，在激发学生阅读兴趣方面，笔者的实践途径为：

（一）借助多种媒体

英语新课程标准中积极倡导先进的教学方法，在教学过程中应结合我国传统教学方法，运用现代化多媒体资源，发挥两者最大优势，更好地提高学习主动性和积极性。英语新课程标准提出，在教学过程中，多媒体的利用与传统教学手段相结合，能够丰富教学内容，科学地提高学生的学习效率。

基于小学阶段学生生理、心理发育特点，特别是针对小学低年级阶段学生学习特点，他们在抽象思维方面能力不够，但对于具体事物特别敏感，易于接受。因此，小学阶段教师应该借助一些图像、动画、声音、视频等有助于学生理解阅读的语言材料。通过运用多媒体架构的教学课堂，给小学生们呈现出一个不仅限于个人生活的小世界，而是让他们在地域上、时间上、色彩上、形状上等等各个方面都开阔眼界，丰富想象力，这有助于激发学生的兴趣。在多媒体教学广泛应用下，通过预先设置各类场景、情境，直接给学生视觉、听觉带来焕然一新的感觉。配以动画的阅读可以让学生从另一个层面感受故事、理解故事。在教学有关节日Christmas时，笔者先让学生欣赏一首具有Flash画面的歌曲"I wish you merry Christmas"。生动的画面，优美的旋律，营造了轻松愉悦的节日氛围。What and how do you know about Christmas? When's Christmas? ……学生带着这些疑问，带着浓厚的兴趣，主动地参与学习，投入到阅读的学习状态中。当然，借助多种媒体确实可以帮助学生理解，可以满足学生的多元智能需求，但是，阅读教学所培养的主要还是学生的文字理解能力，课堂更多的时间应该留给学生理解语言文本材料。多种媒体的使用不能过多，以满足学生理解的需要为标准。如果课堂大部分时间学生都在看图片或是看动画，而不是看语言文字材料，那就本末倒置，一定会影响学生对语言文本材料的理解，影响阅读能力的提高。

（二）精心设计导入和课堂活动，激发和提高学生的阅读兴趣

首先，恰当的导入能激发和提高学生的阅读兴趣。笔者在教学过程中会根据不同题材的阅读材料和不同的学生特点采用图片、实物导入、问题导入、Free talk导入、chant导入、brain storm、歌曲导入、谜语导入、悬念导入等不同的导入方式。不管采用哪一种导入方式，都注意激活与阅读文本材料相关的背景图式，巧妙地引入文章话题，渗透与阅读文本材料相关的词汇、句型等知识。培养阅读兴趣是目的，兴趣来源主体是学生，只有从学生爱好的事物入手，自由组合多变的教学方式，才能激发出学生们的阅读兴趣。有了较高兴趣，引导学生理解全文结构及主要思想大意就变得轻松有趣多了。例如，笔者在教学有关旅游的话题时用PPT向学生展现了一组优美的风景照，一部分来源于教材，如Unit3出现过的a farm near Star Lake，Shanghai Museum，the Bund等，一部分是国内外的旅游名胜的图片，如Hangzhou，Hainan，London等，同时还出示了教材中的人物，Mike、Liu Tao、Yang Ling、Su Hai、Su Yang等，让学生在视觉享受的同时，通过人物与关键词的提示和带有整体情境性和引领性的问题，如The children like traveling very much. Their holiday albums are so beautiful. What do you think of your holiday? Let's talk about your holiday albums等，来激发学生用已经学过的前四个单元有关天气、地点、动词过去式等语言知识来尝试表达。同时，笔者设计了几个以特殊疑问词where、what、what else、how等打头的问句，与学生示范交流，引导生生对话。因为有了适合本课学习内容并深受学生喜爱的导入方式，学生之间的交流对话显得非常老练且水到渠成。学生的高谈阔论，学生童真的天性，有效地达成了预期的效果。

其次，避免单一古板的阅读活动形式，形式自由组合，内容多变有趣，这样才能持续提高学生们的阅读兴趣。由于生理、身心发育特点，小学生注意力集中时间不比成人，这就需要我们在短暂的注意力时间内，快速有效切入灵活多样的阅读教学方式，以持续保持小学生的阅读兴趣。[①]例如，笔者在教学5A Unit4 Halloween时，首先出示课文的第一幅插图，通过Who can you see in the picture? Where are they? Is it Halloween today? 这三个问题引导学生观察图片，找出答案，并解决生词family，tomorrow，然后再通过听录音回答问题What would they like to do? 来处理难句They would like to buy things for a Halloween party。对于正文部分的教学，笔者没有直接进入，而是首先让学生进行了预测What do they need? Can you guess? 然后再让学生带着问题自主阅读第一段。完成了第一段的阅读后，笔者通过简单的语言和图片将场景进行自然转换，进入第二段的学习。

① 束定芳，庄智象. 现代外语教学：理论、实践与方法 [M]. 上海：上海外语教育出版社，1996：265.

T：They need lots of things. So what should they do then?

Ss：Go to a shop.第二段的阅读学习，笔者采用的是一边阅读一边完成练习的方式。

Listen and choose：

①Do they buy the things?　（　　）

A.Yes，they do.

B.No，they don't.

②What masks does Ron like?　（　　）

A.horses

B.tigers

C.monkeys

D.pandas

③How much are the things?　（　　）

A.They are eighty-seven yuan.

B.They are seventy-eight yuan.

整个阅读过程，学生在笔者不同阅读活动的引导下自主提问，理解文本的内容。

（三）创设丰富的展示平台，保持和升华学生的阅读兴趣

根据马斯洛的需层次论，每个人都有自我实现的需要，每个人都希望通过自己的努力获得成功，获得别人的认可，获得别人的尊重。尤其是小学生更喜欢表现自己，希望自己的一点成功能在班上同学和老师面前展示。当自己的成功展示得到了老师和同学的肯定和赞扬时，会极大地增强自己的自信心，同时会想在今后的学习中做得更好，更多地得到老师和同学以及家长的认可。笔者在平时的教学实践中，充分地考虑到学生的这些心理特点，考虑到小学生对竞赛类的活动尤其感兴趣，经常创设各种平台，开展各种与阅读有关的竞赛，给学生们提供分享阅读乐趣和成功的舞台，通过展现自我、互相感染、以点带面、全班带动，使阅读成为习惯，使阅读成为学生取得快乐和成功的重要途径，从而营造出有利于阅读的良好氛围。

1.征集英语广播稿

让学生积极为学校广播站寻找有趣的英语故事、儿歌、小诗等等，比比谁

找到的内容多，谁的内容好。还可以将它们分期刊登在班级的"英语角"，再组织学生一起阅读与交流。例如，笔者每周都会让学生小组合作完成一篇英文广播稿，英文广播稿中设置不同的学生喜爱的板块，如"Say you say me"，说你说我板块。通过整理、归纳，给同学们推荐英语学习中的经典小技巧，通过全校小广播的形式，展现同学们的个人风采，播放出自学生之手的优秀英语广播稿，讲述同学们自己的事。"Big big world"，大大世界板块，向大家介绍英语谚语、幽默笑话、名言名句、谚语故事、脑筋急转弯、知识集锦、经典儿歌等，以及英语国家的诸如文化等其他各方面的知识，"Charming music"魅力音乐板块，通过播放一些经典的、流行的、有魅力的、深受学生喜爱的英语歌曲和音乐，让同学们更加了解西方文化。

2.开展个性阅读

笔者经常鼓励学生使用自己喜爱的方式阅读自己喜爱的文章，做到定时定量。如每周二、周四中午12：20到12：50午读时间是全班个性英语阅读的时间，学生可以自己边阅读边做笔记，完成阅读记录册，也可以同伴共同阅读，一边阅读，一边讨论，并在全班交流。在综合评价学生阅读成果中，笔者也不是单一的用提问、考试等形式来达到检查的目的，而是采用英语朗诵、动画配音、人物模仿、个人演讲、短剧表演等多种学生喜闻乐见的方式展开。其间有互动、有交流，综合评价更为全面直观，学生个体阅读能力得到锻炼，更为重要的是，让学生一起享受阅读的乐趣。

3.读书交流分享

笔者经常鼓励学生在班级做读书交流分享，分享自己的读书心得，并要求学生按时完成阅读记录册，小组内、班级内、年级内不定期做展览；开展"我是英语故事大王""我是班级英语读书小明星"等比赛以及"英语书香家庭""英语书香班级"等评比。活动和比赛过程中，笔者经常肯定学生的优点，即使学生做得不好的地方，也总是鼓励为主，因为总可以找到学生做得好的地方。在精神上予以鼓励的同时，也会象征性地给予物质奖励，奖品都是一些英语学习用具。通过精神上、物质上的褒奖，进一步提高学生阅读的主观能动性，激发其浓厚的阅读兴趣，从而提高阅读的能力。

4.英语小报创作

笔者经常让学生4人小组合作，围绕某个主题，寻找相关的知识内容，合力出一份英语小报，并在班内展览，评选出"最佳创意奖""最佳设计奖"等奖项。学生们的作品出乎意料的好，主题丰富，如Sports，Hobbies，Animals，Holidays in American，The weather，Travel around China，Food and Drink，Daily Life，Shopping in Western countries，Spare time，Healthy diet，等等。在搜集素材和创作小报的过程中，学生需要通过互联网、各类书籍、英文字典等查找相关内容，阅读大量的英文材料。

三、扩大阅读数量

阅读的数量既包括所读读物的数量，也包括阅读涉及学科的类型数量，即"阅读量"与"阅读面"。在课堂教学的同时，要提供学生喜爱且适合学生提高阅读能力的材料，拓宽阅读的渠道，渗透阅读的策略，让学生尽可能多地获取信息来完善自己的知识结构，提高阅读能力。

（一）精选阅读材料

从学生的年龄、兴趣等方面出发，在选择阅读材料时，应力求做到：

1.生动有趣

针对小学生的阅读特点，小学生更愿意去阅读一些配有插图、贴近生活实际的阅读材料，因为这些配有插图、贴近生活实际的阅读材料，如一些英语童话、英语歌谣、人物趣事，能够激活学生的背景图式，呈现阅读中的情境、情节、人物等，再加上教师生动形象的语言描述，很快能吸引学生的注意力，让学生忘记焦虑，在一种轻松自然的状态下去习得知识。只有选取趣味性强又能读懂的内容，才能让学生感到"快乐阅读"和"兴趣阅读"。

2.难易适度

只有难易适度的阅读材料才能真正起到激发学生阅读兴趣的作用。提供给学生阅读的文章难易程度把控具体指标为，能够自主理解全文大意，正确率60%～70%，含非常用词汇4%以下。注意选材不可随意，要对学生提高阅读水平有帮助。但是这样的阅读材料比较少，因此，笔者经常根据学生的已有知识，结合教材内容进行删选或改编。如基于牛津小学英语教材5B Unit 4 An English friend的内容笔者改编，提供给学生以下阅读材料：Tom likes cooking nice things. One day he makes chocolate cookies. Tom calls his friends Lulu and Moe, "Come to my house at two o'clock for a party. I have something good to share with you，"says Tom. Tom puts three plates on the table. He puts four cookies on each plate. "I like to be fair when I share."says Tom. But Tom is hungry. He can't wait. He eats up the cookies on his plate. He still feels hungry，so he eats up all the cookies. What will his friends eat？ God knows.如此一来，句型结构内容在阅读材料与课堂所授中都得到巩固和加强，两者紧密结合在了一起，而且在加深知识点的同时，也让学生们感受到了阅读的乐趣。

3.丰富多样

教师在选择阅读材料时既要注意内容的多样性，而内容多样性主要表现在可以收集一些与学生生活有关的材料，校园、家庭、爱好、旅游、看病、动植物、最喜爱的明星、体育活动等，又要注意体裁的多样性，如可以选择儿歌、绕口令、小诗、对话、故事、习语等。不拘于固定形式，也不流于形式，而是要体现形式多样、内容充实、贴近生活、喜闻乐见的特点，这样一来，就很好地扩大了学生们阅读兴趣点，也会使学生在阅读中更加认真、更加投入，随之而来的就是获取到更多的知识和经验。

4.联系教材

学者王华认为阅读材料与教材相结合，不仅可以扩充教材的内容，还能让学生在阅读的同时获取更多的背景知识，激发阅读的欲望。如牛津小学英语6A Unit 6 Holidays教学过程中，可以突出节日介绍重点，特别是对书中没有记载的节日进行学生阅读引导，激发学生兴趣，丰富知识面。当时，笔者在教学时给学生阅读了Santa Claus（圣诞老人的故事），Thanksgiving Day（感恩节），Lantern Festival（元宵节），Mother's Day（母亲节）等，让学生对"节日"有了更深刻的认识。

总而言之，在阅读材料方面，要围绕学生学习特点，从引导、激发阅读兴趣，丰富眼界，提高能力出发，做到用心选择。

（二）开发阅读资源，激发学生的阅读兴趣

新课程标准提出要以培养小学生英语学习兴趣、养成良好学习习惯、逐步提高小学生英语学习主观能动性为核心，增强学习自信心，科学设置课程安排，实现教学目的，加强语感、语境……以便更好地打牢学习基础。就此，针对阅读范文的挑选，要以"注重兴趣"为原则，需要大量的、饱满的，能够体现学生实际生活状况的阅读范本，而不能仅凭课本中所提供的有限阅读素材。因此，笔者经

常挑选学生感兴趣的阅读材料作为补充，增加学生的阅读量。

1.博览群书，筛选阅读材料

当前英语普及广泛，相对应的各种小学英语教材也比较全面，但细心观察就会发现这些教材又有其一些共性的地方，那就是在组成、架构等大体方面的编排较为相似，这就给日常教学带来一些便捷，就同一话题，不同种类教材的相近阅读资料部分可以相互融合，笔者通过教学实践也证明了这点。其学校在教学中常用PEP小学英语教材（人教版）、牛津教材（译林版），但在具体教学中，笔者又常常以剑桥少儿英语等多种教材作为参考材料，并结合实际教学用途，摘选部分教材作为学生阅读补充文章，通过风格各异、内容精彩的阅读材料，吸引学生们主动去阅读。

2.根据学生阅读理解的程度和教材内容，自主编写"教材"，激发学生阅读兴趣

在阅读教学中，不光是按照讲义落实大纲教材，还应注重把校园内当下同学们比较关心的问题引入到英语阅读活动中来，这是提高英语阅读能力的一条捷径。例如，每年学校都会开展英语节活动，活动期间，英语学习气氛浓厚。借此机会，可以开展"读好书，做好事，树新风"等形式的课外英语阅读活动，鼓励学生们读些中外名人励志的故事，读些激人奋进的故事，读些滋润心灵的故事，并让学生们交流读后感，写出心得体会，做成班级墙报，从而为他们提供一个主动学习、相互交流的平台，在学习中展现自我能力，增强学习自信心和自豪感。

把英语阅读活动和社会热点、外国的习俗常识等文化知识相结合也可以丰富学生的知识，让他们了解中西方文化差异，增强学生的跨文化意识，对激发学生的英语阅读兴趣、促进兴趣持续保持，逐步提升阅读能力起到了助推作用。例如，2008年奥运会在北京召开，笔者鼓励学生用查资料等方式，搜集与奥运相关的体育项目的知识，向外国友人介绍北京的名胜古迹，小组合作制作奥运宣传小报。这种形式的开展，既与当下时政时事相结合，又丰富了学生们的课外生活，更为重要的是引起了学生们的广泛兴趣，在增强阅读理解的同时，又拓宽了知识面。

四、训练英语阅读方法

如同农夫种地需要农具，工人劳动需要工具，学生阅读也需要适合他们的工

具，而这种工具需要教师帮助他们打造——阅读方法。

阅读方法其实有许多，下面笔者通过中年级和高年级两个不同的案例来谈谈在实际课堂中教授学生阅读的方法。

牛津小学英语4B Unit 2A部分语篇教学，笔者在教学中采用了总分总的形式教授学生阅读的方法。

（一）总

通过看卡通的形式，对材料有个大概的了解。运用到实际阅读中就是快速浏览，掌握文章的主题。在实际教学中，我们会发现一些学生往往有畏难心理，对于生词、难句绕道而行，没有"打破砂锅问到底"的学习精神，缺乏灵活多变的解决办法，长此以往，阅读水平始终得不到提高。面对这种现象，教师首先要端正学生态度，生词、难句不要畏惧，对于不影响全文的零星几个生词、难句，可以采取跳跃式的办法，先跃过往下读，通过对后面段落的理解，往往可以揣摩出前面几个生词、难句的大致含义，这样一来，上下文理解完全一气呵成，更能深刻理解文章的大义。要让学生明白阅读的关键不是停留在某个词、句上，而是要全面了解全文的情节、内容、主要思想，为以后学习英语培养语感、语境。还有就是，要锻炼学生快速阅读的能力和习惯，这就需要围绕生词、难句，引导学生根据文中交代的基本情节、上下文叙述等，做好相应的应对策略，推测生词、难句的含义，加快阅读速度。

仔细观看卡通短片，判断句子正误，用T or F表示。

（1）It's in the afternoon.

（2）Mike is Ben's friend.

（3）Ben has only（只有）a brother.

（二）分

根据内容语法等，把文章分为两部分，使得两部分内容更加短小，主题更加明确。第一部分，

Read and answer:

Who's the boy with big eyes?

第二部分：Read and answer:

（1）Who's the boy in the white sweater?

（2）Who's the woman in the green dress?

Which girl is Ben's sister?

这一部分，就是精读、细读环节。学生把文章分为两个部分来解读。结合书本图片、情景、上下文对不认识的字进行猜测，一步一步排除障碍。学生根据细节的问题，带着问题去理解文章，对文章有了更加透彻细致的了解。

（三）总

采用不同形式来朗读阅读，可以是听磁带跟读，跟教师读，然后学生自己尝试有感情地朗读，小组内朗读并表演，让学生在进行细致的分析后，对文章更进一步地整体综合。并可以采用复述、续编、讲故事的形式进行巩固。

PEP小学英语五上Lesson12用六幅图的形式讲述了篮球起源的故事，笔者在教学中采用了总分总的形式教授学生阅读的方法：

1. 总：带着问题进入故事。

I have a question：Who made the new game "basketball"？ Watch and answer. Who is the teacher？ When did he make the game and where did he make the game？

2. 分：根据故事发展的情节等，把六幅图分为三部分，使得三部分内容更加短小，主题更加明确。笔者在教学中出示故事的分解挂图，充分鼓励学生先看挂图去猜测、推敲故事的大意，大致掌握篮球的起源发展史，然后再鼓励学生尝试用自己的语言对挂图进行描述。当学生能够用单词和句子说出图的大概意思后，笔者及时地给予表扬。之后再放录音，让学生准确地理解篮球的起源这个故事，并尝试着介绍这个故事。

（1）Let's learn from teacher.（Pictures1—2）

Picture1：

Q：Why did he make the new game？ It's winter. They can't play on the field.

Picture2：

Q：The teacher thought and thought. What good idea did he think out？

Teach the phrases：throw a ball from player to player throw the ball into a box Read picture 1 and 2 together.

Is the teacher clever？ Yes，he is. He thought a good method.

（2）带着好奇猜测事情进展。

What did the teacher do after that？ 之后他是怎么做的呢？

（Pictures3—4）Let's learn in groups.

T：For this part，I want you to learn in your groups. Here's what you can do. Look，if you meet any new words，you may guess how to read it together，guess the meaning from the pictures or you may ask me if you want，OK？（Get feedback）（反馈时请两到三个小组齐读反馈，并提问ladder、Help me put these baskets on the walls 、What are you going to do？的意思检测对内容的理解。）

笔者在教学中让学生根据上下文和插图猜测了 ladder 等词语的意思。This time，please order the sentences. Read in roles. Read in roles. Practice in two. And what happened the next day？

（3）（Picture5-6）Let's learn by yourselves.

T：And for the last part，please learn it by yourselves. This time，I have two questions for you.

Q1：How do they play basketball？

Q2：Can the players run with the ball？

A1：They need two teams of 9 players.（It means they need two teams. There are 9 players in each team.）Throw the ball to each other，and then throw the ball into the basket.

A2：No，they can't run with the ball.

Next，let's have a reading contest. Pay attention to the pronunciation of the words and the coherence of the sentence.

笔者在教学过程中也尝试着设置一定的任务，让学生分小组合作去完成这些任务，如笔者先提出问题，小组人员一起阅读故事，然后合作讨论找出问题的答案，在学生完成任务的过程中，充分发挥合作学习的作用，培养学生的意识，锻炼学生自主学习的能力。笔者也会与学生共同讨论或提示、帮助学生，共同完成故事的学习。

3. 总：带着愉悦跟读故事。

T：OK. That's the whole story. This time，let's follow the tape with joy.

At last，who can give a title for the story？ The ___of basketball.

A. origin（起源）B. development（发展）C. symbol（标志）

五、培养英语阅读习惯

对于接触英语时间不长的小学生来说，英语阅读习惯的养成需要教师长期的引导、督促与检查。

（一）养成每天阅读的习惯

在教学实践中，笔者指导学生根据自己的学习需求及学习能力，制订"三个一"的学习计划，即"每日学习一个新英语单词""每日学习一个新句、好句""每周学习阅读一篇英语文章"，学生身边有大量适合小学生阅读的英语报纸，如《教育周报》《21世纪英语报》《时代英语报》等报刊都是不错的选择，此外，牛津英语网、洪恩在线等各种免费电子杂志网站里面也有很多学生感兴趣的故事、小诗、童谣、谜语等英语阅读材料，学生可以在家长的监督下每天按照计划严格执行。笔者也要跟踪检查计划是否已经完成，并及时评价和指导。

（二）养成记笔记的习惯

笔者在多年的英语学习实践中都有记笔记的习惯，会把在课外阅读中遇到的不认识的单词、新词组、新短语，查好词典，抄写在一本可随身携带的小本子上，有空时，就拿出这小本子背诵记忆，多年养成的这一习惯促使我阅读能力不断地提高。笔者也会引导学生记录阅读过程中遇到的好词、好句、好段、各种表达方式以及写作技巧等，日积月累，以提高学生的语言运用能力。

（三）养成默读的习惯

一般情况下，大家都认为大声朗读英语教材或读物有利于加深印象，但由于小学生年龄偏低，生理、心理发育还不够成熟，注意力不易集中，语言把控较弱，反而在大声朗读时造成注意力只能集中在单词、短句上面，通篇读下来，只是对局部文章，甚至某个段落留有印象，对于全文大意、文章所描述的具体细节不得而知。由于大声朗读发音咬字问题还会影响到阅读的速度，为提高阅读的质量和速度，笔者结合教学实践，所采取的是引导学生如何用心读懂英语教材及读物，也就是默读。默读过程中只有眼睛与心的互动，不用手指着单词一个个读，而是快速扫描行段。

（四）养成按意群阅读的习惯

按意群为单位进行阅读符合人类眼睛的阅读习惯和人类的理解习惯，因此按意群阅读，常常会读得快，而且能抓住阅读材料的主要内容，快速获取阅读材料的信息。但小学生在阅读时习惯于一个词一个词地阅读，这样，不仅阅读速度很慢，而且还影响对内容的理解。因此，笔者在实践中经常有意识地引导学生养成按意群为单位进行阅读的习惯，刚开始学生会不习惯，难以接受，但长此以往，坚持训练下去，学生慢慢地就会养成按意群阅读的习惯。

六、训练英语阅读策略

策略是阅读教学的基本内容，很多策略如scanning需要从小学开始培养，而有一些策略，如decoding必须从小学开始培养，否则难以形成自动解码的技能，而自动解码是流畅阅读的前提。

（一）自动解码

自动解码是指学生看到一个单词、短语或者是其他表达方式，如No littering等常用标示的时候，不用分析单词的结构（比如，词根词缀），不用标示音标。在教学中，笔者经常设计相应的学习活动，培养学生自动解码的技能，训练方式与短语整体阅读类似。

（二）短语整体阅读

"短语整体阅读"是训练阅读技巧的一种方式。一般情况下，人们习惯于逐词逐句地阅读，影响了阅读速度和质量。要训练学生把短语作为一个整体进行阅读的技能就需要采用短语整体阅读的方式。

首先笔者会把所要训练的短语（如in front of，what color，leave behind，take off，put on，how many，ask the way，different seasons，see the doctor，take some medicine等）单独制作成展板，可以是纸板或是电子屏幕，然后很快地呈现短语，要求学生复述所看到的内容。此活动的操作关键是展示速度要快，不给学生逐词阅读的机会。

（三）关键词阅读

笔者只给出一段文字的关键词看学生是否能够理解，然后再给出所有文字，让学生比较阅读的效果，这样可以培养学生的关键词阅读意识。

（四）略读

略读，又称跳读或浏览，就是指尽可能快地阅读，跳过某些不影响文章的大意或主题思想理解的细节，只抓住文章的大概意思，选择性地阅读，以迅速地获取文章的大意或主题思想。略读的关键是能够迅速地获得文章的开头和结尾以及各段的关键词和主题句提供的信息，主题句有时出现在各段开头，有时出现在各段结尾。要训练学生的跳读策略，要在阅读前就要明确阅读目标要求，比如，让学生只注意文章中的数字，忽略与之无关的信息。在开始学习跳读阅读策略时，也可以只让学生阅读找出某个单词、短语、信息等出现了几次。

（五）细读

张莺认为抓住四个"W"和一个"H"，虽能有效地提高阅读速度，但只能了解到文本的大意，这样的方式并不能让其达到完全理解语篇的目的，学生需要针对问题，细读语篇，发现和整理信息。细读的关键是要培养学生静心阅读，教师在平时可以培养学生逐字、逐句地阅读。在牛津小学英语5A Unit 7 Part A中出现了两个join，这两个不同的join阐述了Gao Shan希望去做的事，而他最后到底是去了哪，做了什么，这个并不能一眼看出答案，就需要细读解决At last，what does Gao Shan want to do？ Where will he go？ Gao Shan加入苏海和苏阳并帮助打扫图书馆。细读的过程中更可以读出高山是个乐于助人的孩子，在课堂上可以引出

Is Gao Shan a good boy? 话题的讨论。情感升华为Try your best to be a helpful kid. Do housework for mother. Do some cleaning for our class.在课堂上，老师常常提出这样有针对性的问题，更是有助于学生养成细读的习惯。

（六）查读

查读又称为寻读，也是一种快速阅读的技巧。查读是指从大量资料之中查找人物、事件、时间、地点、数字等某些具体的事实或某一特定信息。笔者在教学中训练学生的查读能力时，首先会让学生精读问题，例如要找一个人名，可以直接找到含有这个人名的句子；再比如读记叙文时可以让学生找出记叙文的六要素，即时间、地点、人物、做什么、干什么等。

小学阶段阅读策略的培养非常重要，它直接影响着学生阅读能力的提高、阅读水平的高低。因此，教师应在教学中提醒学生注意阅读技巧，帮助学生掌握一定的阅读策略，并形成适合学生自己的学习策略。

第二节　小学英语阅读教学的基本模式

"授人以鱼，不如授人以渔。"课堂是英语教学的主阵地。培养学生阅读能力主要是通过课堂中对课文的教学来实现。在英语阅读教学的过程中，采用恰当的英语阅读教学模式，指导学生运用正确的阅读方法与技巧，能积极地推动学生英语阅读能力的提高。在多年的小学英语课堂教学实践中，笔者一直致力于小学英语阅读教学模式的研究，笔者以英语课堂教学为基点，通过对各年级小学英语课堂阅读教学模式的实践性研究，积累了不同年龄段阅读教学的典型案例，归纳梳理，形成了具有可操作性和可行性的小学英语阅读教学的基本模式，即PWP教学模式，此模式主要涵盖pre-reading，while-reading，post-reading三个环节。Pre-reading环节属于阅读前活动环节，主要以激发学生的阅读兴趣、激活相关图式、提供必需的语言准备为目标，属于阅读前的准备环节。While-reading环节属于阅读中活动环节，这是教学中的最关键部分，阅读材料信息的获得、阅读能力的培养与提高、阅读策略的掌握等都是在这一环节完成的。Post-reading环节属于阅读后活动环节，是阅读后对故事内容的掌握，所获取的知识及运用，与自己的个人经历有关。阅读前活动、阅读中活动、阅读后活动，这些活动将帮助学生获得语言能力和提高阅读理解能力。

一、阅读前活动——创设情境，预测感知

（一）课前预习，扩充知识背景

学者左焕琪认为，熟悉和掌握阅读语篇涉及的背景知识，有助于学生理解文章中的信息，提高英语交际的能力。教材每个单元都有一个主题，笔者经常根据每个单元的主题让学生课前通过网络、报刊、图书馆查找并搜集相关的知识，并在同学之间进行相互交流。学生对诸如节日、爱好、看病、季节、学校生活、自我介绍、一个有趣的国家、一种有趣的动物等话题特别感兴趣，每次都能搜集到相关主题背景的知识，帮助学生较好地了解了中西方文化的差异。

（二）观察插图，预测阅读内容

牛津小学英语课本，配有大量的生活化彩色插图，它把情境与语言目标有机地联系在一起。课堂上，笔者经常有意识地创设情境，运用这些插图，引导学生看图说话，进行问答，帮助学生去了解阅读材料的主要内容，获取阅读材料的主要信息。例如，牛津小学英语5B在"忙碌的一天"这一单元中出现了较多的人物，每个人物在不同的时候都做了不同的事情，学生理解起来比较有困难。笔者在教学时就让学生先观察图片课文插图，猜测文中人物的性格和情感，如：Mum——亲切，但因为David快迟到而有些着急；David——没有时间观念，做事拖拉；Mike，Nancy——有时间观念，记得提醒David。然后再通过给人物配音的方式体会文本的含义。再如，牛津小学英语"问路"的单元中，有一篇以日记形式出现的阅读，配有六幅插图，故事讲述的是Nancy在书店买书遇到小偷，没能抓住小偷，后来警察帮助抓小偷的经过，故事情节比较复杂。日记中有较多的生词和短语，还出现了较多的不规则动词的过去式，笔者在教学时没有让学生直接去读这篇日记来理解故事的内容，而是先引导学生观察这六幅插图，看图说话。通过看图预测故事的内容。学生在笔者的引导下很快能说出图的大意，推动了对整个故事的理解，起到了事半功倍的效果。

（三）师生交流，了解知识背景，主题质疑

师生交流，Free talk，也可以渗透给学生相关的单元背景知识，通过围绕主题设计相关的不超出学生能力范围的问题，让学生在质疑解答的过程中加深对教材的理解。例如，牛津小学英语在"公共标志"这一单元，学生对公共标志不

够熟悉，笔者事先从网上下载了一些相关公共标志的图片与简介，然后与学生谈论有关公共标志的知识。如，What does it mean? Can we walk on the grass? Can we go in? Can we take photos in the museum? Can we smoke in the cinema? Can we eat snacks in the library? …通过简单的问答使学生回忆起已有的知识与生活经验，巧妙地化解了课文中的难点，并让学生津津乐道于此话题。

（四）引导学生就课题猜测阅读内容

在揭示课题后，教师可以引导学生根据课题猜测语篇的主要内容，也可以引导学生根据主要词汇猜测语篇的主要句子。在此过程中，培养了学生的想象力和自主学习能力，以及主动参与的能力。

例如，在教学牛津小学英语6A Unit 3 It was there阅读教学时：

T：Look at the topic "It was there"."It"指"what"，"there"指"where"？

授课教师就题目进行设疑，充分调动学生的积极性，让学生主动参与并寻求答案。

（五）适当铺垫，化解重难点，扫清阅读的障碍

一个单元的阅读材料一般会包含整个单元的核心句型和词汇，容量较大。三年级孩子刚接触英语，兴趣是保持学习动力的关键。在进入故事前有必要将故事中的重点词汇和句型进行适当铺垫，为学生在阅读中扫清障碍。

例如，牛津小学英语5B Unit 9 The English club围绕英语俱乐部这一主题，把谈论俱乐部成员的爱好、居住地、国籍等日常交际用语有机结合起来。笔者在学生阅读课文前进行了如下设计：

T：Do you have any hobbies? T：Do you have any friends?

T：I like surfing the Internet.Look，he is my Internet friend Toney White. I communicate with him by the QQ.

（出示QQ界面，向学生展示和Toney white之间的QQ交流谈话）T：Where are you from?

Toney White：I'm from the USA…

T：Where do you live in?

Toney White：I live in New York.It's a big city.

T：What's your hobby?

Toney White：I like traveling.

T：What are you doing!

Toney White：I am visiting an English club.

在阅读前，笔者通过自己和网友Tony White QQ聊天询问了他的国籍、居住地、爱好以及现在正在干的事情，直奔主题，有效展现了文中visitor Toney White正在参观英语俱乐部的信息，并在此部分学习了本课的生词。

二、阅读中活动——自主探究，读活课文

（一）自主学习，猜测词义

"猜"类的活动在小学英语阅读教学中深受学生的喜爱，它主要是利用学生与所猜内容之间存在的信息差，来导入并学习重、难点词汇。笔者在教学中教到一些生词时，经常要求学生根据上下文、句子的语境或句法结构尝试着猜测生词的含义，并根据情况适时地给予点拨，一些重点词汇、句型总是迎刃而解。例如，People usually eat rice dumplings and watch dragon boat races at Dragon Boat Festival.其中rice dumpling是个新单词，但是学生能从上下文的意思中猜到是"粽子"的意思。只有养成猜词的习惯并在实践中不断地训练和摸索，尝试用英语思维去猜，才能收获新的知识，获得找出答案的成就感，逐步培养自己的猜词能力，从而进一步提高阅读能力。

（二）任务驱动，读活课文

阅读与任务是无法分割的。只有通过设置不同的任务，学生在完成一个个任务的过程中才能读活课文，激活语用，培养能力。教师在教学过程中要针对不同的阅读材料，科学合理地设定教学的目标，设计不同形式、不同层次的任务，优化组合各种方式的操练，多层次、多角度地阅读文本材料，从而读活课文，形成一定的阅读策略，提高阅读能力。

1.扫读——理解

在阅读时可以让学生首先找出一些特殊的信息，抓住四个"W"：What? Where? Who? Why? 和一个"H"：How? 学生边读边用铅笔做些标记，把事件、时间、地点、原因及经过画出来，就可以分辨出哪些信息重要、哪些信息可以忽略。用此方法学生一般都可很快找到答案，可以提高阅读的效率。在实际教

学中，笔者经常根据阅读材料的内容设计多种多样的任务形式，如根据课文内容选择、判断正误、填空或回答问题，将图片与内容连线，将句子按照顺序排列，根据阅读选择合适的图片，选出与课文内容相对应的标题和图片等。为了完成这些任务，学生会饶有兴致地读起来，借此时机就可以鼓励学生运用寻读法快速阅读短文或故事。例如，牛津小学英语6A Unit 3 It was there讲述了上周开运动会时，苏海和苏阳在操场上找照相机和胶卷的故事，笔者在教学中就运用了查读法让学生快速找出了需要的信息——照相机和胶卷刚才一会前和现在分别在哪里？学生通过查找这些问题的答案，在很短的时间内就厘清了阅读材料的脉络，掌握了阅读材料的主要信息。

2.质疑——导读

引导学生围绕who，where，what，when，how等问题阅读，用问题引领思维，去找出藏在文中的答案，既能帮助学生掌握阅读材料的主要内容，训练其快速捕捉关键信息的能力，又能培养学生自主学习的能力，增强阅读的自信心。

（1）精心设计问题，吸引学生积极参与

通过问题引领学生去探索，让学生带着问题去阅读，能使阅读和教学更具有目的性。教师通过学生对问题的回答，就能准确判断出学生对课内文本的理解如何。

如笔者在教学牛津小学英语5B Unit3 Hobbies时，设计了这样几个问题：

①What's Ben's hobby?

②Do Helen and Yang Ling have any hobbies？What are they？教师的提问并非无的放矢，通过关注文章人物Ben的爱好吸引了学生的注意力，激发了学生的好奇心，鼓励学生积极参与，找出文本中的各种信息，细化了文本的内容。学生通过回答What kind of stamps do they like？这个问题了解到了邮票的种类，这些不同的邮票能吸引学生去了解阅读材料中有相同爱好的人物，也就能够对本课加深印象，了解到：Ben likes Chinese stamps. Mike likes ship stamps. Yang Ling likes flower stamps. Ben's brother likes animal stamps等具体的信息。对于Ben的爱好分析结束后，笔者趁热打铁引导学生找出文章中其他人物的爱好，通过这样的提问激发了学生阅读的兴趣，还锻炼了学生信息提取和分析能力，又培养了学生的阅读能力和口语表达能力。

（2）鼓励学生提问，激发学生的阅读动机

提出问题往往比解决问题更重要。发现了问题，才会有思考的方向和动力，才会朝着解决问题的方向努力。笔者在教学过程中会利用各种手段激发、鼓励学生提问，学生的提问常常能带给笔者不一样的惊喜，原来孩子的思维是可以如此宽广。当班级中形成了"敢于提问、善于提问"的氛围后，也会影响着班级中回答问题的氛围。在课堂上，教师如果能掌握好"问"和"答"的尺度，根据问题的难易程度请相应程度的学生回答，保护好学生的自信心，那么每个孩子在课堂上都会有收获和提高。如：笔者在教学牛津小学英语5A Unit7 After school时，首先以笔者的引导为主，提出了两个问题What is he doing now?和When is Gao Shan looking for Wang Bing? 以这两个问题带领学生进入到文本的阅读中去，同时笔者有意地将文本分为三段，化解阅读的难度。在进行第二段的阅读和理解时，改变以往教师提问学生来回答的方式，以学生为主体，放手让学生根据图片展开猜测，学生提了很多的问题，如：1. Is Wang Bing helping Miss Li in the office? 2. Is Wang Bing playing basketball with Mike in the playground? …以学生提问的方式引导学生深入地去寻找确切的答案，以达到对文本的深入理解。学生根据自己所提的问题，有针对性地阅读文本，寻找答案。在这节课的教学中，笔者引导学生由表及里、从易到难、循序渐进地掌握了阅读的内容，同时培养了学生自主学习的能力。

3. 判断和推理——分析

有时在阅读材料中作者并未明确提到读者所需要的相关的事实和可能的结果，这就需要读者根据阅读材料提供的事实和线索，做出逻辑的推理和判断。如牛津小学英语5B Unit7 A busy day中的旁白中提到了David has a busy day. He is busy from seven in the morning to ten at night.在文本的末尾有提到I'm tired too.推理一下读者就知道，David goes to bed at ten.文本中还有一处Nancy和David的对话Nancy: I want to watch TV. Do you want to watch TV, David? Yes, I do, but I'm doing my homework.（图上时间为9点）推理一下读者就知道，David does his home work at 9 o'clock.这样从合理的推理和猜测中读者能够获取更多的信息，还有在阅读时教师要引导学生学会用不同的语言转换理解，即用不同的语言去表达原文的意思。如：还是刚才Nancy和David的对话，Nancy还可以表达为：Do you want to join me?

4.表演——活读

儿童以动觉学习者、体验学习者为主，表演不失为一个好的阅读教学活动。表演是让学生通过行为表现的方式展示自己的理解，经常用于故事类的文章以及包含行为要求的对话。在学生掌握了阅读文本材料的意思后，可以通过表演来检查学生对文章的掌握程度，表演的形式可以二人、四人一小组，也可以多人。笔者在教学实践中一直很重视学生对阅读材料的表演，鼓励学生通过道具、动作、表情、语言等方式对每一单元的阅读材料进行不同形式的大胆演绎，在充满个性和创造性的演绎中灵活地运用所学语言，提高语言的综合运用能力。事实也证明，这样的形式深受学生的喜爱。译林小学英语三下U6 What time is it? 中，妈妈说："Wake up，Tao Tao."笔者就请学生扮演温柔的妈妈演一演，扮演生气的妈妈演一演，同样一句话，学生表演得有模有样，课堂一下就活了。问答时间的时候则一人用人体做钟，一人答。孩子特别愿意表演，在教师适当的指导下，他们还能发挥想象，加上自己的创意，使得整个表演活灵活现。

三、阅读后活动——巩固扩展，有效延伸

（一）阅读后活动设计以教学目标为导向

教师在设计教学活动时都应该有明确的教学目标。如果教学没有目的性，可想而知课堂将会变成一团散沙。每一个课堂活动任务的设计都应以达成课堂教学目标为宗旨。比如，笔者在教学用一般将来时来谈论周末计划的时候，设计了这样的阅读后活动：Read and guess：What are they going to do?

（1）Yao Ming has a basketball on his hand. He.

（2）My parents bought（买）two tickets（票）in the cinema a moment ago. They.

（3）Grandma sits down with a newspaper. She .

在这个活动中，教学形式不仅新颖，而且目的性强。笔者紧紧围绕教学目标，提供了相关的情景，通过情景，学生进行思考和想象，在掌握重点句型的同时，也锻炼了思维能力和语用能力。

再如，牛津小学英语6B Unit5讲述了纽约四个不同季节的天气，在阅读后活动中，笔者设计了Let's talk的任务，让学生谈论自己所在城市一年四季天气的变化。学生根据笔者给出的提示Nanjing is a … city. In spring, it's…. The weather in summer is⋯. In autumn，it's⋯ In winter，it's⋯I like⋯best. Because it's ⋯I can ⋯⋯进行讨论和叙述南京的天气。笔者用南京和天气这两个学生生活中熟悉的概念让学生进行练习，不仅具有可说性，也具有真实性，学生饶有兴趣，反馈效果良好。

阅读教学的读后环节作为语言输出的阶段，其目标十分明确，即巩固阅读教学，拓展学生技能，注重学生整体语言能力的提升。为此，读后教学并不是单纯意义上的巩固环节，而应分成两部分：巩固环节和拓展环节。以巩固活动作为对语篇学习情况的检查，以拓展活动作为对语篇内容的拓展、运用和提升。此外，在教学中应该注意活动的多样性。例如，巩固活动不是一成不变的read the text，fill in the blanks也可以改为read and judge，read and match，或以do a summary，read and answer的形式来进行活动。作为拓展环节也不能局限于作文，可以考虑让学生说一说、做一做，如制作海报等让学生在说和做的自然环境中去体会英语作为一门语言的语用价值。

（二）阅读后活动设计以生活情感为依托

学生对源于生活和发自肺腑的情感活动特别青睐。笔者在课堂上经常通过图片、视频、语言渲染等多种手段创设基于学生真实生活的情境，来引起学生的共鸣，激发学生参与课堂的激情。比如，在六年级谈论周末计划这一话题时，笔者是这样设计读后拓展活动的：

1.播放背景音乐，让学生阅读文本

A plan for Mother's Day

The second Sunday in May is Mother's Day. I'm going to give my mother a present—a nice coat. I'd like my mother to look beautiful. I'm going to do housework for my mother on Mother's Day. So she's going to have a good rest.

I'm going to get up earlier than my mother. And I'm going to cook breakfast for her. After that I'm going to wash all the clothes for the family. I'm going to do some shopping. I'm going to make a big dinner for her in the afternoon. Then I'm going to wash the dishes and clean the table. In the evening，there also will be a surprise. She seldom（很少）goes to a theatre and she thinks the tickets（票）are too dear（贵）. I'm going to buy the tickets. We're going to see a Nanjing opera.I hope she'll have a good time in the theatre.

This is all my plan for Mother's Day.

2.根据文本回答问题

（1）When's Mother's Day?

（2）What's my plan for Mother's Day?

（3）What's your plan for Mother's Day?

3.Write down your plans for Mother's Day

Mother's Day is on_____I'm going to_____on that day. In the morning, I'm going to_____.In the afternoon, I'm going to_____. In the evening, _____. This is my plan for Mother's Day.

在本节课中，笔者以母亲节为拓展的背景，首先让学生通过语篇的阅读一举两得，获得知识（一般将来时的用法）和情感（感受教师的孝心，感悟母亲的不易）的双丰收。接着，通过阅读后的提问让学生进一步感悟文本的阅读方法。I think you all love your mother? What's your plan for Mother's Day? 两个问题的提出将学生的情感引向了高潮，让他们在激动、感动的驱使下写下了自己的母亲节计划。最终，学生在写中综合运用了所学的词汇、句型、结构，锻炼了自己的语言表达能力，在写中抒发了自己对母亲的真挚情感，也在写中将自己的知识与情感延伸到了课堂外。

在语篇教学的阅读后活动阶段，教师应不失时机地把情感教学带入课堂，让学生在巩固和拓展知识的同时确定自己的情感态度价值观，并最终提升英语学习的兴趣和能力，让情感这一星星之火得以燎原。

（三）阅读后活动设计以全体学生为主体

学生作为一个个体，受社会环境、家庭环境和自身条件的影响，其智力、语言、行为能力等发展是不平衡的，这就要求教师在课堂中能根据学生的实际由浅入深、由易到难地设计教学活动。比如，牛津小学英语6A Unit5 On the farm主要教学的是用一般过去时来讲述上个周末做的事情，笔者是这样设计阅读后的活动的。

（1）Read the dialogue together.

（2）Complete the sentences according to the text.（根据课文内容，缺词填空）

（3）Do a survey.

Now we know something about what Helen and Nancy did last weekend. What did your friend do? Do you want to know? Let's ask our best friends to do a survey.

A：What did you do?

B：What else did you do?

（4）Try to retell the dialogue according to the pictures and key words and sentences.

（5）Write a diary（选做）

笔者在进行读后教学的活动设计时，从朗读语篇和根据课文内容填空这两个读、写环节入手，有效地巩固了阅读教学。学生在掌握了阅读内容的前提下，笔者进一步挖掘语篇的内在，进行了拓展性的练习。以Do a survey这个全班同学都感兴趣的活动为抓手，让每一个学生在问答的形式中加深自己对语法“过去时”的印象，并让每位同学在调查的基础上复述自己朋友的上周生活，最终达到提升自己语言运用的能力。整节课设计的多个活动都由易到难，层层推进，符合学生的认知规律和心理发展水平，而让学生根据自己的能力写日记的活动则充分照顾到了学生的个体差异。

（四）阅读后活动设计以启发思维、激发想象为宗旨

教学不同于放风筝，如果死死攥住另一头的学生，牵着他们跟老师的思路走，培养出来的一定是一批书呆子，面对稍有变化的问题便会无以应对。所以，每一堂课结束后，教师都要尽可能地为学生创造一些机会，留一个悬念，设一个问题，启发他们的思维，激发他们的想象，引导他们思考探索。

第七章　小学英语阅读教学实践

第一节　目标导向的小学英语阅读教学

一、目标导向概述

在教育领域中，目标导向是指设定明确的目标以指导教学过程和评估教学效果的方法。在英语阅读教学中，目标导向方法强调教师和学生都需要明确教学目标，以更好地进行教学活动。在小学英语阅读教学中，目标导向具有重要的作用，因为它能够提高学生的阅读兴趣，提升他们的阅读理解能力，并培养他们的自主学习能力。

二、目标导向对于小学英语阅读教学的意义

（一）提高阅读兴趣和动力

目标导向教学能帮助学生明确学习目标，从而激发他们的学习兴趣和动力。当学生明白他们正在学习的东西是为了实现某个目标，他们会更愿意投入时间和精力去学习。

（二）提升阅读理解能力

通过设定具体的阅读理解目标，学生可以更好地理解文章的内容，提高他们的阅读理解能力。他们需要理解文章的主题、细节以及作者的意图，这些都需要通过目标导向教学来培养。

（三）培养自主学习能力

目标导向教学鼓励学生主动参与学习过程，培养他们的自主学习能力。学生需要自己决定如何学习，如何解决问题，这对于他们的长期学习是非常有益的。

（四）增强教学效果

通过设定明确的教学目标，教师可以更好地评估教学效果。教师可以通过检查学生的阅读理解能力、词汇量、语法掌握程度等来评估教学效果。同时，教师也可以根据学生的反馈来调整教学方法和策略。

总的来说，目标导向的小学英语阅读教学是一种有效的教学方法，它能够提高学生的阅读兴趣和动力，提升他们的阅读理解能力，培养他们的自主学习能力，并增强教学效果。因此，我们应该积极采用这种教学方法，以更好地培养小学生的英语阅读能力。

通过英语学习使学生形成初步的综合语言运用能力，促进心智发展，提高综合人文素养。综合语言运用能力的形成建立在语言技能、语言知识、情感态度、学习策略和文化意识等方面整体发展的基础之上。课标要求循序渐进地培养学生的阅读能力，并规定了各个年龄段的阅读目标。阅读能力是语言学习中最基础的一项能力。阅读能力的提升对提升学生的英语核心素养起着重要的作用。

三、目标导向，科学提升学生的英语阅读能力

如何走出认知误区，科学提升学生的英语阅读能力？英语教师应恰当制订英语阅读能力分级目标，科学地组织和利用阅读材料，改进、优化阅读教学策略。

（一）科学制订阅读分级目标

为系统提升学生的阅读能力，笔者依照课标和《中国中小学生英语阅读分级标准（试验稿）》，结合学情制订了高年级英语阅读分级目标。该目标从两大维度、六个方面进行了明确的分级界定，每一方面又分2~3个层级，详见表7-1。

以目标为导向展开教学，教学有的放矢，学生更能对照目标了解自己的能力形成情况，大大提高了教学的目的性和有效性。

表7-1　高年级英语阅读分级目标

小学高年级英语阅读分级目标一览表					
能力发展目标				品格发展目标	
解码能力	语言知识	阅读能力	文化意识	阅读习惯	阅读体验
L1 巩固国际音标及基本的拼读规则。L2 巩固多种常见标点符号的用法。L3 能在规定的时间内从文本中正确获取一条或多条信息。	L1 能够借助词根构成或上下文语境理解词义。L2 能够通过阅读巩固和运用核心句式。L3 能够区分故事或非故事类基本文体。	L1 能够借助语境理解文本中语言的特定含义。L2 能够根据文本背景了解情节、识别作者意图、推断人物性格特点和文本因果关系。L3 能有自己的观点，并能结合文本信息和自己的积累与经验做出评论。	L1 能够通过阅读与日常生活相关的读物，理解多元文化，拓宽眼界。L2 能够通过阅读各类文本理解英语国家的传统节日、民俗、生活习惯等，能够做对比训练。	L1 能够坚持进行每周45至60分钟的阅读。L2 能够养成摘录语句的习惯。L3 能够初步养成按照意群阅读的习惯。	L1 能够乐于阅读、积极阅读。L2 能够与同伴分享阅读的乐趣。L3 能够以自然或略慢的速度朗读文本。

（二）有机利用阅读材料

阅读材料是英语阅读教学有效开展的重要载体，也是促进学生阅读能力发展目标的重要基础。

1.用好课内阅读材料

充分研读、梳理教材中高年级各单元的 Look and read 部分，将高年级的阅读分级目标，分解融合在各学期、各模块、各单元的阅读教学目标中。依据学期阅读教学目标，再对阅读内容进行重组，调整教学顺序，科学地推进教学，促进各级教学目标的有效达成。

2.配备课外分级读物

由于教材内容有限，教师可挑选匹配小学高年级学生认知发展水平的、在内容和语言框架上具有连续性的英语绘本及英文报刊作为辅助阅读教材。让五年级学生阅读"读伴儿分级阅读"英语绘本，全方位了解生活、认识世界。六年级学生阅读《21世纪学生英文报》，接触热点话题和事件，了解英语历史文化。借助课外分级读物，让学生开放地、与时俱进地学习英语。

配备课外分级阅读内容的同时，教师还应重视学生良好阅读习惯的培养，如指导学生记录陌生词汇并及时整理、归纳；利用思维导图呈现故事框架或细节；鼓励学有余力的学生尝试复述故事。

（三）优化阅读教学策略

王笃勤教授认为，阅读策略分为认知阅读策略和元认知阅读策略。其中认知阅读策略指完成具体阅读任务中使用的方式方法，如预测或推理文章内容、猜测词义、略读、跳读等。小学为基础阅读技能的培养阶段，因此认知阅读策略的培养必须贯穿小学英语教学始终。

我们为各单元 Look and read 部分的阅读课设计了不同的教学活动，以有效推进目标的达成。如上海牛津版英语教材 5B M4U1 "Museums" 第四课时 "The Louvre Museum" 是篇难度较大的说明文本。我们设定的目标如下：

（1）学生能借助文本词汇信息，正确认读新词汇，并说出词汇在语境中的大意。

（2）学生能提取重要信息，对卢浮宫镇馆三宝做简要介绍。

（3）学生能就卢浮宫之所以著名的原因以书面形式阐述自己的观点，并与同伴进行分享。

（4）学生能在中西方文化比较中，进一步了解我国的历史文化，坚定文化自信。

为了达成教学目标，采用了以下阅读教学策略：

（1）拓展背景知识，视听了解大意，激发阅读兴趣。导入环节，教师播放视频，呈现卢浮宫画面，画外音为卢浮宫背景知识介绍，从视、听两个方面引起学生注意，启迪学生思维，调动学生的学习积极性，为学生理解文本奠定基础。

（2）多元呈现词汇，突破难点教学，扫清阅读障碍。文本中关键词汇的教学是难点，须从"扶"到"放"逐步突破：如先以音形义组合形式呈现，指导学生拼读词汇，借助歌谣复现，通过听力练习或者阅读文本多次呈现……多元的词汇呈现方式，引导学生在语境中体会、揣摩和理解词汇的含义，有效突破教学难点，为文本阅读扫清障碍。

（3）合理创设语境，助力信息提取，促进文本理解。为帮助学生深入理解文本，我们改编了教材文本，分为两个主题场景 "Grand Gallery" "Sculpture Gallery"，用3个独立语篇介绍卢浮宫的三大镇馆之宝。让学生通过对独立语篇阅读，解构文本的重难点句型，在语境中提取重要信息，体会human history和different cultures 所蕴含的意思，加深对文本的理解。

（4）搭建表达支架，设计综合练习，化解表达难点。教师以缺词填空的方式帮助学生搭建概括文本信息的支架，引导学生提取重要信息并对未知内容做出预判；同时，采用听力练习的形式，变换文本输入方式，让学生在潜移默化中学习整合信息，并恰当地组织语言进行表达。教师为学生的语言输出搭好"脚手架"，化解了学生搭建语篇框架的难题。从学生课堂表达情况和课后作业呈现来看，目标导向之下，有机整合、利用阅读材料，恰当优化阅读教学策略，能够科学、有效地促进学生阅读能力的发展。

四、完善评价机制，检验阅读教学成效

恰当的评价方式能激发和保持学生的阅读兴趣，并激励学生多样化输出。我们尊重学生的个体差异，采用形成性评价与终结性评价并举、量化评价和质性评价共存的方式，科学评价学生的阅读能力。

（一）形成性评价与终结性评价并举

形成性评价同时关注课内和课外。课内主要对学生课堂参与的积极性和回答正确率做出评价；课外则通过各类数据平台对学生课外阅读的频次、时长、质量等进行追踪评价。形成性评价更关注过程，关注学生在英语阅读能力上的增值表现。

终结性评价结合每学期的期末考试进行，以笔试为主，内容涉及文章主旨大意理解、语境中猜测词义、细节的再认与领会、信息提取与整合推断等，从阅读的角度全面评价学生学期阅读目标的达成情况。

（二）量化评价和质性评价并存

评价学生的阅读，既要评价量，又要评价质，因此，量化评价和质性评价两种方式并存，才能准确评价学生的阅读能力形成情况。我们采用量化评价方式评价学生阅读量，如五年级要求达到1万字/学期，六年级1.5万字/学期。我们通常通过赋星的方式评定学生阅读的质，如课堂上每正确完成一次阅读任务，可得一星；课外阅读中，完成相应检测题，可得相应的星数，根据星数的多少来评定等级。

量化评价和质性评价的有机结合，能帮助教师摆脱标准化测试的桎梏，关注学生在阅读过程中能力目标和品格目标的达成，真正促进学生阅读能力的发展。

教师要着眼于学生的素养发展，科学制订英语阅读分级目标，有机整合、重组阅读材料，改进、优化阅读教学策略，才能够在提升学生英语阅读能力方面有所收获。

第二节　读前导入优化的小学英语阅读教学

一、读前导入概述

在英语阅读教学中，读前导入阶段是整个教学过程中的重要环节。这个阶段的主要目的是帮助学生做好阅读前的准备工作，激发他们的阅读兴趣，为接下来的阅读活动做好心理和知识上的准备。通常，读前导入包括热身活动、背景知识介绍、话题讨论、词汇学习等环节。

二、读前导入对于优化小学英语阅读教学的意义

（一）提升阅读兴趣

在英语阅读教学中，一个引人入胜的导入能够激发学生对知识的渴求，提高他们的阅读兴趣。阅读前导入通过引入与阅读材料相关的背景知识、文化元素或有趣的互动活动，能够吸引学生的注意力，使他们产生强烈的阅读欲望，从而主动投入到阅读中。

（二）扫清阅读障碍

阅读前导入可以帮助教师和学生识别并解决阅读中的语言障碍。教师可以通过导入环节提供必要的词汇、短语和句型的解释和练习，帮助学生扫清阅读障碍，使他们能够顺利地进行阅读。

（三）培养阅读习惯

良好的阅读习惯是提高阅读能力的关键。通过在阅读前导入环节中设置一些有趣的阅读任务和活动，如朗读、猜词游戏等，可以培养学生的阅读习惯，使他们逐渐爱上英语阅读，形成自主阅读的习惯。

（四）提升阅读理解能力

阅读前导入环节中的互动活动和讲解有助于学生更好地理解阅读材料的内容和主题。通过导入环节的讨论和思考，学生可以更好地理解文章的主旨、细节和作者的意图，从而提升他们的阅读理解能力。

（五）增强文化意识

阅读前导入环节还可以增强学生的文化意识。通过导入与阅读材料相关的文

化背景知识，学生可以更好地理解文章的内容，并培养跨文化交际的能力。这不仅有助于提高他们的英语阅读能力，也有助于他们在未来的学习和工作中更好地适应不同的文化环境。

综上所述，读前导入是小学英语阅读教学中不可或缺的一部分。通过优化读前导入，教师可以更好地激发学生的学习兴趣，提高他们的阅读理解能力，培养良好的阅读习惯，增强他们的文化意识。因此，我们应该重视读前导入的优化，以提升小学英语阅读教学的效果。

三、读前导入优化小学英语阅读教学的策略

在当今的小学英语阅读教学中，读前导入阶段是一个至关重要的环节。为了提高教学质量，我们需要在这一阶段采取一系列策略，以激发学生的学习热情，引发他们的思考，激活他们的背景知识，并明确教学目标。下面将详细阐述这些策略：

（一）创设情境，激发兴趣

创设情境是激发学生学习兴趣的有效手段。在读前导入阶段，教师可以利用图片、视频、实物等手段，创设与阅读材料相关的情境，使学生产生身临其境的感觉，从而激发他们的阅读兴趣。例如，在教授关于动物的阅读材料时，教师可以利用动物图片或视频创设一个动物世界的情境，让学生产生阅读的兴趣。

（二）预测内容，引发思考

预测是提高学生阅读主动性的有效手段。在读前导入阶段，教师可以引导学生对阅读内容进行预测，引发他们的思考。通过预测，学生可以提前了解阅读材料的大致内容，并激发他们的好奇心和求知欲，从而更深入地理解阅读材料。例如，教师可以根据标题、插图等线索引导学生预测故事的主角、情节等。

（三）热身活动，激活背景知识

在读前导入阶段，热身活动可以帮助学生激活他们的背景知识。教师可以通过简单的问答、游戏等形式，引导学生回忆、阅读与材料相关的背景知识，如文化、习俗等，从而为接下来的阅读做好准备。

（四）布置任务，明确目标

在读前导入阶段，教师可以布置一些与阅读材料相关的小任务，让学生带着

问题去阅读。这样不仅可以提高学生的阅读目的性，还可以帮助他们更好地理解阅读材料。同时，教师也应该明确教学目标，让学生知道他们需要掌握的技能和知识。

综上所述，读前导入阶段的优化对于提高小学英语阅读教学效率具有重要意义。通过创设情境、预测内容、热身活动和布置任务等策略，可以激发学生的学习热情，引发他们的思考，激活他们的背景知识，并明确教学目标。这不仅可以提高学生的学习效果，还可以增强他们的阅读自信心和成就感。在实际教学中，教师还需要根据学生的实际情况和阅读材料的特性，灵活运用这些策略，以达到最佳的教学效果。

第八章　初中英语听说能力的培养

第一节　微课辅助教学促进初中学生英语听说能力发展

英语是国际通用语言，学好英语已经成为认识世界、了解世界、走向世界的关键性条件之一，更是国际交流的重要基础。英语听说课是学生学习英语基础知识及提升听、说能力的关键环节。受环境限制，学生在日常生活中应用英语交流的机会相对较少，因此英语听说课的重要性更加凸显。在"互联网+"的大背景下，英语听说课教学要顺应发展趋势，以互联网为纽带，将"微课"与英语听说课教学深度整合，强化学生的学习兴趣及积极性，提升课堂教学的时效性。

一、"微课"的概念及特征

"微课"是指运用网络技术及多媒体素材结合教学大纲进行优化整合的创新教学资源。在开展"微课"教学过程中，主要以音频、视频、图片、文字等多种更为丰富、活跃、直观、立体、生动的方式将知识点进行优化整合后呈现给学生。在活跃课堂气氛、增加课堂趣味性的同时，让学生轻松愉快地提升学习能力。

作为社会发展过程中教育整合"互联网+"而衍生出的创新教学资源，相较传统教学资源而言，"微课"把音频、视频、图片、文字等多种素材进行有效整合，具有灵活、直观、生动、立体、高效等特点，教师可以随时随地进行教学，学生的学习方法也不再局限于"照本宣科"，更容易理解、吸收教学内容。

二、"微课"在初中英语听说教学中的价值体现

首先，创新教学资源改革传统教学方式。作为社会发展过程中教育整合"互联网+"而衍生出的更加新颖、高效的创新教学资源，"微课"的出现为新时代教育的发展注入了新的动力，指明了新的方向。合理利用"微课"能帮助教师突

破传统教学方式的束缚，从形式上改变板书模式，增加初中英语教学内容的丰富性及趣味性，提升学生的学习兴趣。"微课"的开展要求教师必须在有限的时间内完成教学内容，必须对传统的课堂教学结构进行改革才能适应紧凑的英语教学节奏。因此，"微课"对初中英语教学结构的改革具有重要意义。其次，提升课堂教学时效性。多数学生不能在课堂上从始而终地集中注意力，因此，提高课堂教学质量的关键因素并不是提升学生的注意力，而是在学生注意力集中的有限时间内利用"微课"在短时间内针对教学关键知识点与难点进行讲解，以此提升课堂教学时效性。

三、微课在初中英语听说教学中的应用策略

（一）利用微课激发学生学习英语的兴趣

微课可以将声音、文字、图片等有机结合在一起，使学生得到全方位的体验。在初中英语教学中，教师可以将视听图像和课文的字幕结合起来，激发学生学英语的兴趣，激发学生的学习潜能。比如，在学习"Have you ever been to a museum？"Section B2b部分的内容时，教师可以在课堂导入阶段在微课视频中为学生呈现新加坡一些代表性的图片，例如，鱼尾狮、滨海艺术中心等，让学生猜一猜这是哪个国家，然后向学生提问："Where is Singapore？Can you find Chinese food in Singapore？What are they？At the Night Safari，when is the best time to watch the animals？"让学生一边阅读课文一边思考问题，并且找到答案。这样的教学方式，能够有效地激发学生的学习积极性，提升学生的听说能力。

（二）利用微课提高学生的听力能力

在学生学习英语的过程中，听力是一项基础的能力，也是非常重要的能力。微课视频能够使学生在听觉上产生冲击，让学生一边听一边思考，从而有效地提高学生的听力能力和思维水平。微课具有短小精悍、内容集中的特点，在每个微课视频中都能够为学生解决一个知识点，学生还可以反复观看，直到听懂、会说为止。在初中英语教学中，教师可以将听力教学中的重点和难点反复为学生播放，让学生一边听一边去模仿。通过微课的辅助能够有效地节省教师的教学时间，提高学生的听力水平，提高课堂教学的效率。微课具有方便快捷的特点，学生可以利用网络资源搜索到世界范围内比较优质的听力资源，丰富自己的知识。另外，网络通信工具能够拉近教师和学生之间的距离，学生可以通过网络工具来

接收视频，并且反馈听力结果。同时，学生可以通过观看听力教学视频来对自己发音上的不足进行纠正，积累更多的词汇，增强学生的语感，从而促进学生听说能力的提升。

（三）利用微课提高学生的口语表达能力

在初中英语教学中，培养学生的口语表达能力是非常重要的教学目标。教师不仅要使学生掌握基本的英语知识，还要使学生能够灵活地运用所学的知识去表达。教师可以在教学过程中合理地运用微课，从而有效地提升学生的口语表达能力。首先，教师可以利用微课设置悬念，诱发学生去表达。在教学过程中，教师可以利用微课让学生猜测关键词，从而引出主要的教学内容。这样的教学方式能够吸引学生的好奇心，在猜测的过程中也能够提升学生的表达能力。其次，教师可以利用微课创设情境，引发学生去表达。在教学中，教师要根据实际的教学内容为学生创设情境，使学生有一种身临其境的感觉，然后让学生在具体的情境中运用交际语言进行实际操练。最后，教师可以利用微课变换情境，促进知识迁移。在学习一篇课文之后，教师可以让学生对课文的内容进行复述，还要引导学生在实际生活中运用所学的知识。为了更好地完成这个教学目标，教师可以运用微课来促进学生的迁移，从而促进学生口语表达能力的提高。

四、微课在初中英语听说课教学中的具体实践及应用

"微课"的特点就是灵活性高、共享性强，老师可以在提升学生学习兴趣的基础上根据教学经验，依据教材及学生对知识的掌握情况，有针对性地选择、设计课堂教学内容。

（一）以"微课"创设情景，引导学生课前预习

在英语听说课教学过程中，课前预习至关重要。教师要重视教学资源的优化整合及巧妙运用，结合实际情况选取贴近学生日常学习和生活，并有积极意义的图片、文字、音乐、视频等，让学生在预习的过程中"乐而不燥"，引导学生自觉预习、主动预习，为课堂上的学习夯实基础。

（二）以微课丰富内容，强化学生课堂学习

互联网为教学提供了诸多丰富的教学资料及素材，如音视频、图文等形式多样的内容。在开展英语听说教学过程中，要结合英语听力课程内容，科学、合理地将英语听力、口语、书写紧密联系一体，建立行之有效的听、说、写相结合的

"微课"教学体系，为学生英语听说学习及后续课堂教学的开展奠定基础。利用网络上丰富的音视频资料，结合教材内容，通过其真实的场景及感情色彩，能更直观地让学生了解何种场景、何种氛围应该运用哪种语调，让学生通过音视频中纯正的音调、语法，来对比自己口语中的错误并及时纠正，增强学生对英语听力的理解能力及口语的实际运用能力。在视频观赏过程中，教师可以植入与教材相关的词汇，训练学生理解及区分不同语境中的不同意思，亦可让学生跟读视频中的对话进行句型练习，然后进行相同句型造句，也可利用初中学生感情丰富、思维活跃等特点，设置配音对话环节，让学生观看消除原音的视频。根据角色、场景、人物形态进行配音对话，模拟真实的场景，让学生在加深情感体验的过程中对涉及的词汇及句型的读音、语法及运用技巧有所了解。

（三）用微课指导学生课后巩固总结

在课堂教学的有限时间中所讲解的知识，并非全能被学生理解吸收，因此课后巩固总结显得尤为重要。教师应根据学生课堂学习效果巧妙设计"微课"，有针对性地设置关键知识点、难点的解析，充分利用"微课"针对课堂内容设计具有代表性的习题进行测试，全面掌握学生对课堂知识的掌握进度，对学生课后复习、巩固及总结进行指导和帮助。

听说训练是英语学习过程中的重要阶段，教学开展过程中，教师不能局限于传统教学模式，要紧随"互联网+"的发展形势，结合实际教学情况，将听说读写整合一体，利用丰富的网络资源，引导学生积极互动，促进学生吸收更多的知识，为学生创造更加轻松愉快的学习氛围及交流、互动平台，强化初中英语听说教学的时效性，切实提升学生的英语水平及综合素养。

总而言之，在初中英语教学中，培养学生的听说能力是非常重要的教学目标，微课的使用丰富了课堂教学的形式，对于学生听说能力的提高有非常重要的意义。因此，在初中英语教学中，教师要合理地应用微课进行教学，激发学生的学习兴趣，促进学生听力能力和口语表达能力的提升，从而更好地完成教学目标。

五、微课在英语听说教学中的实施举例

以九年级第九单元的"I like music that I can dance to"为例，本课教学内容选自人教版新课标英语Go for it!九年级第九单元 Section A（1a-1c）。教学内容及实施过程将从课前预习、课堂练习和课后复习三个方面来进行详细呈现。

（一）微课辅助课前预习举例

微课用于课前预习，主要学习生词的音标和正确发音以及句型的结构和读音。

1.导入

通过民族传统曲目Erquan Yingyue的播放吸引学生的注意，然后进行话题导入。视频内容为谈论自己喜欢的电影和音乐。

2.呈现

先呈现新单词：prefer，lyric，Australian，electronic，suppose，smooth，spare，director，war，然后用教育教学云平台空间里敏特英语应用软件教授单词发音。在这个软件里，学生先点开对应的九年级Unit 9 I like music that I can dance to，就会出现整个单元的单词，点击需要学习的单词内容，便会出现单词的音标，在单词的音标里又划分音节单独发音，再根据音节组合成整个单词的发音，然后重复单词发音。各个单词的发音依次呈现，学生可重复点击，跟读模仿，直到学会单词的正确发音。微课接着在PPT上呈现句型，使学生了解本节课的重点句型：

（1）I like music that/which I can dance to.

（2）He prefers music that /which he can sing along with.

（3）She likes movies that/which makes her feel relaxing.

练习：学生完成视频中相关作业：

（1）熟读熟记新单词，能够正确发音。

（2）模仿微课中的重点句型，在作业本上写出两组对话，关于自己喜欢的电影和音乐。

（二）微课辅助课堂听说教学举例

微课主要应用于课堂教学导入环节和复习环节。通过微课导入听说课的教学重点句型，呈现句型使用的语境，学生跟读，活用。在复习环节通过微课总结本节课所学新单词和重难点句型。以Music and movies这个话题为例，微课辅助课堂听说教学的教学过程如下。

1.导入

通过播放微视频，调动学生情绪和学习注意，然后进行话题导入。

视频的内容为几种不同种类的经典电影以及对应的电影主题曲。

2.呈现

（1）呈现新单词，检查学生课前的词汇预习情况。

（2）单词正音。设置词汇游戏，点击相应图片，会出现单词及发音，学生跟读。

3.听说练习

（1）呈现句型及读音，使学生掌握并熟练表达本节课的重点句型，如：I like…that…

（2）呈现语境，学生模拟练习重点句型在具体语境中的应用，语境为两人放学路过音像店，微课呈现TF Boys的海报，两人谈论海报上的明星，进而引出谈论个人喜欢的音乐和电影。对话模式如下：

A：Oh，look! There's the new TF Boys CD.

B：TF Boys？Do you like them?

A：Oh，yeah. They're my favorite band. I like music that I can dance to.

B：You're kidding. I think they're awful. I prefer music that I can sing along with.

A：I like songs that I can sing along with，too. How about movies？What kind ofmovies do you like?

B：I like movies that can make me relaxing.

A：Me too . Let's go to see the new movie Frozen this Friday evening?

B：Good idea. See you then.

A：See you.

总结。学生观看一个一分钟的视频，内容包含本节课所学新单词和重点句型及读音。

（三）微课辅助听说教学课后复习举例

课后使用微课主要是为了巩固课堂内容并拓展听说练习。此环节通过微课复习总结听说课的教学重点单词和句型，呈现句型使用的语境，学生进行口语扩展练习。以同一主题 Music and movies 这个话题为例，课后复习教学过程如下。

1.导入

经过视频播放新学单词的读音，进行单词听说复习。

2.呈现

（1）呈现所学过的新单词。

（2）呈现所学过的句型。

3.练习

（1）根据视频的单词读音听写新学单词。

（2）将点击鼠标后听到的句子和其语境相匹配的图画连线，并写出完整的句子。

（3）运用所学句型录制一个谈论个人喜爱的电影或音乐的口语视频，发到班级群里。

4.拓展听力

（1）完成《英语周报》Unit 9 的听力练习内容。

（2）观看小视频 A Bing并复述大意。

第二节　情境教学促进初中学生英语听说能力发展

一、情境教学法的优势

英语作为一门语言，其应用是具有一定场景的，尤其是口语化的交流，若是没有一定的场景构建与打造，仅仅依靠学生们的想象是难以获得应有成效的。因此，在对于听说能力的训练上，情境教学的优势便得以显现。依托于教学情境，学生们更容易将自己代入到场景中去，努力学会英语的实际应用并在日后的生活中也能够做到"举一反三"，这便是听说教学的最终目标了。

在初中阶段，学生们由于升学的压力，在学习时难免会出现厌学的情绪。而这样的情绪下学生们很难沉下心来学习，在这时穿插听说能力的训练，对于学生们来说是有一定调解作用的，有利于学生们学习积极性的激发。

二、情境创设在初中英语听说训练中的积极作用

（一）激发学生的英语学习兴趣

传统的初中英语课堂教学主要采用灌输式、填鸭式的教学模式，导致课堂教学内容乏味，影响了学生英语学习的积极性，甚至让学生对英语学习产生抵触心理。在初中英语听说训练中加入情境创设教学模式，为学生创设有趣的情境，让学生在英语学习情境中去学习和感知，能够激起学生的英语学习兴趣，让学生主

动地参与到英语听说训练中来，并更好地发挥主动性，有效地促进英语听说能力的提高。

（二）提高学生的英语综合能力

传统的英语课堂教学模式更着重于教会学生英语理论知识，而没有真正地重视学生的英语综合能力，在各种英语教学活动中都更倾向于考查学生的英语理论掌握水平，而没有关心学生在实际生活中使用英语表达和沟通的能力。将情境创设教学方法加入初中英语听说训练中，为学生创设真实的英语使用情境，能够有效地提高学生的听说能力和表达能力，提高学生的英语综合能力。

三、情境创设在初中英语听说训练中的应用

（一）创设多媒体情境教学

随着现代信息科学技术的发展，多媒体教学已经充分地渗透到当今的教学之中。在英语教学中加入多媒体信息技术，能够为学生创造更好的英语学习体验，为学生的英语听、说练习提供更好的学习情境。此外，多媒体情境教学可设置更为轻松、活泼、适合初中学生的英语课堂学习情境，活跃课堂的气氛，进而提高对学生的英语听说能力训练的效果。例如，在讲授动物相关单词和词汇时，英语教师可采用多媒体教学设备为学生播放动物的图片，在图片呈现出来时播放相应动物的叫声，然后组织学生围绕着刚刚播放的多媒体学习资料进行探讨交流。学生在探讨过程中，能够更好地掌握所学英语单词和词汇，还能够增强英语口语表达能力。

（二）游戏化的情境教学

在初中英语听说训练课堂中，教师可以采用游戏化的教学情境，减轻学生在学习英语时的乏味感，激发学生的英语学习热情，吸引学生更好地融入英语听说学习之中。初中学生在游戏化的情境教学中可充分打开自己的英语学习思维，增强自己的英语听力和英语口语表达能力，进而有效地提升自己的英语综合能力。例如，教师在组织教学课堂时，可采用角色扮演的游戏情境，组织学生模拟英语课文中的角色和场景进行对话和表演，使学生在生动有趣的游戏化情境中，更好地学会和巩固英语理论知识，同时对学生的英语沟通和表达能力进行有效的训练和提高。

（三）小组合作式的情境教学

在初中英语听说训练中加入情境创设教学方法，教师可组织学生积极采用小组合作式的学习方法，创设以小组为单位的合作式英语情境教学，鼓励学生使用英文进行小组讨论、分享和交流，促使学生在彼此的交流与合作中，更好地增强自身的英语听说能力，进而提高自身的英语学习水平。例如，教师可将教学大纲需求与学生的实际生活内容结合起来，将学生分为若干小组，并要求学生用英文进行分组交流，以训练和考查学生的英语听说能力和英语实际使用能力。在小组合作式的情境教学中，教师还应当发挥好自己的引导作用，在适当的时候对学生的讨论进行指导，以更好地提升小组合作式情境教学模式的教学效果。

在初中英语听说训练课堂中加入情境创设的教学方法，符合初中英语教学课程改革的教学目标和教学理念，通过在英语课堂中创设英语情境，让学生在轻松愉快的课堂氛围中学会英语知识，培养学生的英语表达和沟通能力，进而提高学生的英语综合能力。初中英语教师在组织听说训练课堂时，应当意识到传统英语教学模式中的不足，更新自己的教学理念，围绕着新课程改革标准的方向，以学生为主体，以提高学生的真实英语水平为教学目标，创设学生感兴趣的英语学习情境。在优化英语情境教学的过程中，提高学生的英语听说学习兴趣，激发出学生英语听说学习的主动性，吸引学生主动地参与到英语学习之中，切实地提高学生英语语言能力。

四、情境教学的实际应用

（一）依托于课堂提问构建情境

在传统的课堂中，教师调动学生积极性的手段便是课堂提问，将这一手段运用到情境教学模式下，便是依托于问题对情境做出一定的构建，让学生们在教师的一步步提问下逐渐进入教师们设想的情境中。这样的构建方法对于初中英语的课堂来说有着教学资源消耗少、效率快、学生思维清晰的优势，在实际的操作中也是较简易的。教师在课前备课时可以准备一组问题，让学生们依据问题的脉络思考并答题，从而让学生们能够逐渐走入教师们的思维框架中，在思维诱导下进行知识点学习的同时进行听力与口语的训练，提升课堂的效率。

例如，在八年级上册A day out这一课的教学中，课文中讨论的内容与学生的实际生活有着紧密的联系。此时教师就可以运用生活教学法为学生构建英语语言听说情境，向学生提出开放性问题："Where did you go on vacation？What impressed you during the holiday? What did you do for your parents during the holiday？"要求学生在课堂教学之前将自己的假期进行总结。教师在课堂中将学生划分为不同的学习小组，让学生在小组内部分享自己的假期活动，并且在小组内部推选出一名最有意义假期的学生代表在全班分享自己的假期。在该教学活动中，学生并不只是单纯地进行分享，在分享的过程中还可以训练英语语言能力，而其他学生在听他人的分享时，也可以训练英语听力。这样就可以为学生构建良好的课堂提问情境，解决学生缺乏语言训练的教学现状，提高学生英语语言应用能力，并且可以让学生习惯应用英语语言向他人转述相关事件和故事情节。

（二）依托于多媒体设备构建情境

社会经济的长足进步也带来了信息技术以及科技的进步，课堂中能够应用的教学资源也就更加充足，多媒体设备便是在课堂中进行听说能力训练的一大助力。由于各方面的原因，即使是教师也不能够说标准的口语，在这样的情况下，多媒体便给予了极大的便利。大多数学生在学习口语时依靠的都是对教师们的模仿，若是将这个模仿对象进行优化，那么学生们的口语水平也能够有更大的提升。通过多媒体，教师们能够让学生们感受到纯正的英语口语的魅力，从而提升学生们的英语口语水平。

例如，在八年级下册Unit5 Good manners这篇课文的教学中，由于我国的文化传统和生活环境的影响，大部分同学没有参加过派对聚会，缺乏与派对聚会相关的真实体验，这些增加了学生的学习难度。并且由于中西方文化方面的差异，中国学生也不了解欧美的聚会文化，导致学生在语言学习中会对一些生活情节和英语知识产生误解。此时教师就可以利用视频向学生播放欧美文化中的聚会场景，并且让学生跟随视频中的主人参加派对，进而对西方聚会、派对有直观的了解。随后让学生进行角色扮演，组织学生进行情景模拟对话练习。教师可将学生划分为不同的小组，让学生自由选择视频中的人物进行情景扮演，在情景扮演的过程中需要组织语言完成情景对话。这样就为学生构建了一个参与聚会的英语语言情境，让学生可以真实脱离生活的局限，而对语言情节和语言应用结构进行构建，帮助学生转变学习思维，科学提升学生的英语听说能力。同时为增强学生参与活动的积极性，教师还可以为学生设置一些物质奖励引导学生积极参与。

（三）依托于故事构建情境

初中生们由于自身的心理特点，他们对于枯燥的文本没有太强的感知力，也没有什么兴趣，因此在教学时教师就需要回避这一类的文章。在实际的教学中，笔者认为可以通过故事的全英文演绎达到对于情境的构建以及训练学生们的听说能力的目标。在教学中，教师可以故事作为模板，让学生们自己选择要扮演的角色，经过排练后在课堂上进行演出，可以说是一个小型的"文艺汇演"。在这一过程中，学生们通过对话、演出，对于英语的听力、口语都进行了一定的训练，同时也能够在团队协作中与同学培养出一定的默契与感情，自身的团体荣誉感以及团队协作能力也在这样的过程中有所培养与提升，对于学生们的综合素养有着一定的提升作用。

例如，在九年级上册 Never give up 这篇课文的教学中，教师可以为学生构建开放性语言话题，如，"If you want to play basketball in NBA, what will you do？"让学生根据教师的问题，结合教师提供的故事情节设计情境对话，利用对话完成故事情景。这种方式突破传统学生被动学习方式，让学生主动搜索课文中有哪些自己需要掌握的知识，并利用这些知识组织对话内容，让学生灵活使用所学知识完成情景对话，达到学习目的。在学生构建情境对话活动中，常常会出现一些问题和缺陷，教师此时要对学生的对话内容进行评价和改进，以便帮助学生更好地掌握语言知识，帮助学生完成知识的学习和构建。值得注意的是，在教师对学生的对话内容、情景设计进行改进或评价的时候，更多以激励和探讨的形式进行，这样更能激发学生在学习活动中逐渐构建语言学习信心和语言学习兴趣。通过这样的方式全方位培养学生的语言能力，不仅提高学生的英语学习成绩，更为学生英语听说能力打下了良好的基础。

在初中的教学阶段中，教师们要关注的不仅仅是学生们的升学问题。由于初中生年龄阶段具有的特点，他们在这时期是各方面能力的最佳培养阶段。因此，在英语的教学中，教师们不仅仅需要关注知识点的灌输，更需要培养学生们对于英语这门语言的敏感度，让学生们在日后的学习中达到"听、说、读、写"的全方位发展，提高学生的综合能力，从而更好地适应社会的发展。

第九章　初中英语阅读能力的培养

第一节　词汇教学法提升初中生的英语阅读能力

通过对英语阅读能力相关影响因素的调查发现，部分初中学生阅读能力不强的主要原因是词汇量较少，对词汇掌握不牢固，少数学生在记忆词汇时采用的方法不正确，在运用词汇时忽视方法、情景，影响单词记忆的效果及英语学习效果。因此，初中英语教师在开展阅读教学时，要以词汇教学为主，基于词汇教学法提升学生的阅读能力，激发学生的阅读兴趣。

一、词汇教学法的特点

词汇教学法注重词汇的积累与应用，具有认知性、规律性、系统性特点，通过教学使学生能够了解词汇的意义，学会词汇搭配，扩大词汇量，提高词汇掌握能力。学生具备充足的词汇量，牢固掌握词汇，有利于阅读能力的提高。

（一）认知性

词汇教学法具有认知性的特点，这一特点由英语词汇的认知性特点决定。英语词汇的读法与拼读、拼写有关，拼读与拼写存在必要的联系，在学英语之前，要了解并掌握词汇的认知性特点。学生如不能正确认识这一特点，会影响词汇的记忆效果。初中阶段的英语词汇教学需要教师传授学生正确的发音，再讲解灵活记忆词汇音节的方法，使学生能够正确发音和记忆词汇。如treasure [e]、feather [e]、leather [e]中的ea，又如sit [i]、swim [i]中的i，这两个都是单音节，可以用归纳字符组合方式、开闭音节进行记忆。但也有部分词汇不符合读音规则，难以记忆。总的来说，教师可以利用这一特点在词汇教学中引导学生观察总结，提高单词记忆效果，培养学生的自主学习能力。

（二）规律性

新课改对不同年龄段学生应掌握的英语词汇数量做出明确要求，其中规定初中阶段的学生应掌握1000多个词汇。从部分初中生英语词汇掌握情况的调查结果可以看出，掌握1500个以上词汇的学生不到一半，多数学生掌握的词汇少于1500个。一些学生表示初中所学的词汇虽然不少，但大部分都忘记了，能够记住的较少。学生词汇掌握不牢固的主要原因是词汇记忆方法不够科学。通常情况下，部分学生会采用死记硬背的方法记忆单词。英语词汇的结构及语法是有规律可循的，这就需要教师引导学生找寻词汇读音、拼写的规律，让学生学会采用科学、合理的方法记忆词汇，从而扩大词汇量，如对rupt、abrupt、rupture、interrupt等词汇，学生可以通过词根联想方法进行记忆。教师应通过引导学生归纳、总结、比较，让学生发现词汇的规律性，学会音—形—义结合的记忆方法，提高词汇记忆效果。

（三）系统性

英语词汇教学还具有系统性的特点，教师让学生根据一个话题系统地掌握某一类型词汇，有利于培养学生的词汇认知能力及归纳能力，如英语名词包括数词、人称代词、物主代词等，词汇量很大，但有系统性的特点。例如，教师在教学family这个名词时，可以让学生延伸记忆mother、father、son、daughter、grandfather、grandmother等，让相关英语词汇形成框架，有利于记忆。

二、运用词汇教学法提升初中生英语阅读能力的策略

（一）创新教学模式，丰富教学内容

词汇教学法以增加学生词汇量、培养学生的词汇运用能力为教学核心，以学生掌握词汇记忆技巧、提升阅读能力为教学重点。在新课改背景下，初中英语教师运用词汇教学法提升学生的英语阅读能力，需要秉承"以生为本"的教学理念，从学生的兴趣出发创新教学模式，丰富教学内容，有效开展词汇教学活动，加深学生对阅读文本中词汇的理解。初中英语教师要发挥学生的主观能动性、积极性，利用学生感兴趣的内容进行教学，激发学生的阅读兴趣，增强学生的词汇记忆能力。

（二）寓教于乐，培养学生的阅读兴趣

"以生为本"是重要的教学理念，初中英语教师在课堂上应充分体现学生的

主体性，根据学生的学情创设教学情境，激发学生的学习兴趣，调动学生的探究积极性。在运用词汇教学法开展阅读教学时，初中英语教师要从阅读题材入手，根据学生的词汇掌握情况，采用寓教于乐的教学方法，整合阅读内容，提炼教学重点难点，增强阅读教学的趣味性，调动学生主动学习英语的积极性，提高学生的阅读效果。

寓教于乐可以帮助学生降低英语学习难度，学会记忆关键词汇，积累英语词汇，提高阅读能力，使学生在以后的学习中能够将积累的词汇运用到阅读理解、写作中，提高学习效果。

（三）创设模拟情境，提高学生的词汇分析能力

词汇教学法重视学生词汇积累和词汇应用能力的养成，要求学生扩大词汇量，在了解词汇意义、熟悉搭配形式的基础上，掌握词汇在特定语境中的运用，学会运用词汇对事物特征和行为进行描述。一个英语词汇可能有多种不同意义和用法，需要学生熟练掌握，能够根据语境分析词汇的意义。从学生的学习现状来看，部分学生词汇量不足，缺乏语境分析能力，影响了英语阅读理解能力的提升。初中英语教师可运用词汇教学法开展阅读教学，抓住词汇的特点创设模拟情境，帮助学生理解、记忆词汇，提高学生的词汇分析能力。

（四）利用英语报刊开展课外阅读活动

单纯地利用教材中的阅读资料训练学生的英语阅读能力是不够的，阅读内容较为单一，学生的单词学习情境不够丰富，影响阅读能力的提升。初中英语教师应当充分利用课外教学资源，帮助学生扩大阅读面。

（五）深入研读教材，赏析经典语句

教材是教学的基础，教学围绕着教材展开，教师要想提升初中学生的英语阅读能力必须深入研读教材，只有精准地解读教材，才能有效地开展教学设计。新课标是教师进行教学和教材解读的重要指导，教师要认真学习新课标，按照要求结合学生的实际学习情况和认知发展规律，设计教学方案，制订合适的教学目标。在教学过程中，教师带领学生赏析经典语句，联系上下文开展词汇教学法，促进学生对单词和句子的理解和感知，提高学生的阅读技巧和记忆能力，对学生接下来的学习具有重要作用。

（六）开展语境模拟，促进词汇学习

兴趣是最好的老师。初中生对世界整体感知不够深刻，对事物的认知大多来源于具体的事物，而且英语知识本身较为抽象，学生的注意力不稳定、不持久，因此，增加教学的趣味性就显得尤为重要。教师应借助信息技术，基于学生兴趣，结合教学需求，创设合适的语境，让学生快速进入状态，有身临其境之感。同时要引导学生更好地进行词汇学习，活跃学生的思维，激发学生的学习兴趣，吸引学生的注意力，构建良好的学习环境，构建高效课堂。教师应通过创设实际生活中的例子，或是浅显易懂的例子，加强教材知识和实际生活的联系，激发学生的好奇心，促使学生主动进行词汇学习，提高学生的阅读效率和学习效果。

（七）鼓励学生探究，营造积极氛围

新课标明确提出要激发学生的学习兴趣，调动学生在学习中的探究欲望和主动性，发挥学生的主体作用，有效提高学生的学习质量和学习效率，促进学生英语核心素养的提高。教师应通过设置教学任务，细化问题和教学内容，通过学生亲身参与体验，彼此交流、互动，相互合作的方式，充分发挥自身的认知能力、理解能力，主动学习，完成教学目标。

教师鼓励学生进行探究，在学生回答后进行评价总结，对于学生所提出的问题，教师进行鼓励和表扬，消除学生的不安，激发学生提问的勇气，既锻炼了学生的语言表达能力，又能帮助学生进一步理解和掌握教材知识。

（八）设置词汇竞赛，提高阅读能力

教师设置词汇竞赛，充分发挥竞赛育人的功能，检验学生词汇运用能力，让学生在词汇竞赛过程中加深对所学单词的理解，提高自身的阅读水平，提高学生的词汇学习动力，让学生主动进行查漏补缺，巩固自身基础知识和技能。同时通过词汇竞赛活动，学生能够发现自己学习中存在的问题，并在教师的指导下，进行自我完善，这不仅可以提高学生的自我认知，也可以构建高效课堂，实现教学目的。在整个活动过程中，学生为了取得胜利，会进行团队协作，有利于培养学生的竞争意识和团队协作能力，这对于学生今后的学习和生活都具有非常重要的意义和作用，而且有利于塑造学生健全的人格，促进学生的身心健康发展，磨炼学生的意志。

（九）增加课外阅读，拓展知识储备

以往初中英语阅读教学局限于教材，学生不能进一步了解相关知识和内容。通过开展课外阅读，可以打破传统教学模式的桎梏，增加学生的知识储备，开阔学生眼界，使其了解英语知识背后的人文背景和思想文化，帮助学生深入地学习英语知识，提升学生的认知能力。教师选择合适的阅读材料，一方面，有助于陶冶学生的思想情操，提升学生的道德修养，塑造学生的个性，健全学生的心理品质，开发学生的智力；另一方面，培养学生的文化素养，激发学生的爱国情操，使其成为一个全面发展的高素质人才。

综上所述，借助词汇教学法提升初中学生的英语阅读能力是切实可行的。针对阻碍学生英语阅读能力提升的因素，教师应及时更新教学理念，创新教学方法，深入研读教材，结合学生的实际情况，采取词汇教学法。这种教学方式能有效增加学生的词汇量，激发学生的学习兴趣，开拓学生的眼界，提高学生的阅读能力，培养学生良好的阅读习惯，促进学生英语核心素养的提升。

第二节　多元转换提升初中学生的阅读能力

当前，部分初中学生的阅读能力不强、英语水平不高。尽管教师开展了多样的英语阅读活动，但没有取得较好的教学效果。其中的一个主要原因是教师的阅读教学水平还有待提高。当前的初中英语阅读教学课堂中，部分教师仍然使用传统的教学方式，过度关注学生对基本语段、句型、短语和单词的掌握，让学生一味地阅读和背诵课文，导致阅读课变成了默写课与背诵课。还有的教师在阅读教学中所使用的教学方式比较单一，这也影响了学生对阅读文本的理解。基于此，教师要转换教育理念，改变教学方式，让学生在阅读活动中更多地展示自己，发展多方面的能力。

一、将英语阅读词汇转换为听力词汇

阅读教学提升的不仅是学生的阅读能力，也包括写作能力与听说能力。因此，教师在呈现阅读文本的时候，可以使用多种方式，给学生多方面的体验。词汇是阅读教学的基础，只有理解词汇的含义，才能理解阅读内容的内涵。词汇的教学需要与语篇连接起来，要让学生对着上下文猜测，也就是说教师要将

词汇教学与语篇教学融合起来，在教学词汇的同时，提高学生对语篇的理解能力。在阅读教学中，教师可将文本词汇转换为听力词汇，让学生仔细聆听包含相关词汇的听力材料。学生在听听力的同时，需要写出其中一些重点的词汇。学生理解了词汇，也就理解了听力材料的内容，自然也就能写出词汇，这为阅读教学做好了铺垫。

以初中英语八年级上册Unit 4 "Do it yourself" 的教学为例。这一单元的阅读文本与 "DIY" 相关。在阅读教学中，教师可先插入与学生生活有关的 "DIY" 听力材料，让学生边听听力材料，边将听力材料中缺少的单词填上。下面是听力材料的部分内容：First, she drew some roses. Then, she wrote the sentence "Happy Birthday, Mum". Next, she painted the rose red. Finally, she cut out a picture of colorful balloons and stuck it on the cover.学生在听听力的同时，也需要在横线上填上正确的单词。在听听力的过程中，学生知道了这些单词的用法，降低了学生阅读的难度。由此可见，教师不能孤立地开展阅读教学，而要丰富阅读教学的形式，将多样化的训练融入阅读中。听力与阅读的融合能让学生在 "听" 的维度中，感知阅读的内涵，进而发展学生的综合能力。

教师需要注意，在安排听力时，要保证听力的难度低于阅读文本的难度，确保学生能够填写出缺少的单词，这样学生会更有信心地听完听力。同时，听力材料需要是学生熟悉的内容，这对学生的阅读理解有一定的启发作用。学生在开展听力训练的时候，就等于在预习单词，通过这样的预习，学生能够获得多方面的感知。可见，要提高学生的阅读能力，教师就需要运用教学智慧，实现英语阅读词汇向听力词汇的转换。

二、将教材文本图片转换为个性化表达

目前的牛津译林版英语教材中在阅读部分都配有一些简单的插图，这些插图既能让学生更好地理解阅读内容，又能增强学生阅读的兴趣。因此在阅读教学的过程中，教师可将插图利用起来，促进学生阅读能力的发展。在阅读中，教师要培养学生多方面的能力，个性化的表达是其中需要培养的重要能力。个性化表达就是要求学生能够以自己的理解，在阅读中表达出自己的观点、情感等。个性化能够体现学生个体的特色，展现他们的思维。借助图片，学生能够回忆出阅读的内容，同时他们又需要一定的想象力与创造力，以表达自己的观点，这其实就是借助图片加深学生对原文的理解。

在阅读的过程中，教师要充分利用插图，将学生引入阅读的场域，让他们在表达中思考。插图在阅读中的作用由原先的"花瓶"变成了推动学生深入文本的支架。教师在利用文本插图展开教学的时候，可以重新对插图进行建构，比如，教师可在原先的插图的基础上再添加几幅插图，使前后的情节能联系起来，让学生的表达更加丰富。相互关联的插图能够为学生展示文本的前因后果，这也让学生对表达充满更多的期望。

三、引导学生将文本中的人物角色转换为自己

当前初中英语阅读教学中，部分教师忽视了学生的深度阅读，大多时候学生只是记住了文本的情节与人物，却没有与文本中的人物进行深度对话。为了引导学生进入文本，置身于真实的阅读情境去思考，使学生获得精神上的生长，教师在阅读教学的过程中要引导学生将文本中的人物角色转换成自己，让学生获得更多的阅读体验。

以初中英语七年级下册Unit 7 Reading A "A brave young man"的教学为例。教师可以以问题引导学生："假如你是Lin Tao，当你发现发生火灾的时候，你会怎么做？"对于学生来说，要想思考这个问题，首先要将自己置身于当时的情境中，其次要参考Lin Tao当时是怎么做的，最后再给出自己的做法。

在阅读教学中，教师要给学生更多的跟文中人物对话的机会，让他们展示自己的情感、态度与价值观，也让他们真正地与文本互动起来。在阅读中教师不仅仅要让学生获得基本的语言上的认知，也要让他们其他方面的能力获得发展，也就是说，教师要借助阅读促进学生的全面发展。

四、将阅读文本中的陈述句转换为问句

教师开展阅读教学的目的就是要让学生发现问题，并在解决问题的过程中获得发展。因此，教师要将阅读教学变成以学生为主体的学习活动，要让学生主动参与到阅读中来。在传统阅读教学中，学生总是被教师"牵着鼻子走"，按照教师设置的步骤逐步地去阅读，在这种情况下，学生容易失去阅读的主动性。其实，教师可以先让学生阅读，再试着让他们发现问题，将阅读文本的陈述句转换为问句。学生只有深入阅读才能发现问题，并将自己发现的问题汇总起来，进行集中探讨。对于那些学生个人解决不了的问题，他们可以与同伴进行讨论，或是寻求教师的帮助。这样的教学方法改变了传统阅读教学中的让学生盲目阅读的状

况，能够加深学生对文章的理解。

要想提升学生的阅读能力，教师就要不断地激发他们思考。在思考中，学生的阅读能力能获得进一步的提升。教师可引导学生基于文本不断地发问，让学生在"问"中走进文本的情境，理解作者的表达。在当前的阅读教学中，部分学生的问题意识不强，他们没有养成提问的习惯，因此教师要引导他们在阅读中发现问题，将文本中的陈述句转换成问句，在转换中提升他们的思维品质。

五、将文字表述转换为思维导图

在阅读教学中，教师可通过绘制思维导图的方式帮助学生理解文本的内容。思维导图可以帮助学生记忆，也可以帮助学生思考。最主要的是，通过观察学生绘制的思维导图，教师可以看到学生思维的变化和特点，进而调整阅读教学的方式。思维导图的形式是多样的，内容也是多样的，教师要依据学生的特点，给他们一些支架，任由他们自由地绘制思维导图。可以说，思维导图是一种学生展现阅读成果的方式，是他们对阅读文本的一次输出。

将文本的内容转换为思维导图能够体现学生思维的创造性，进而促进学生的深度阅读。学生在构建导图时，教师可鼓励他们开展合作，每个人分别完成不同的任务，这能凝聚集体的智慧，也能让学生获得更多的发展。借助思维导图，教师能够知道学生心里所想的内容，进而对阅读活动进行调整，以提供更适合的阅读教学。

思维导图是学生开展阅读学习的重要工具，它能让学生的思维可视化。基于思维导图，学生能够发现在阅读中存在的问题，运用思维导图总结与概括文本的内容。总之，学生要提升运用思维导图的能力，以进一步提升自身理解文本的能力。

当教师将阅读词汇转换为听力词汇的时候，学生就将阅读文本转换为听力测试，他们在用大脑思考问题的时候，也借助耳朵去解决问题；当教师引导学生借助教材中的插图展开表达的时候，学生的想象力、语言表达能力、阅读理解能力能够获得提升；当学生与文本中的人物展开对话的时候，他们能够更加理解人物的性格和文本的主题；当教师引导学生对文本内容进行质疑的时候，学生的批判思维获得了发展，阅读成了学生自身的思维品质；当学生能用思维导图呈现文本的内容时，他们其实已经实现了阅读的输出。显然，教师采用多元转化的教学方式，能让学生更好地享受阅读。

第三节　意群法指导的英语阅读能力提升

　　阅读是学生获取知识的主要方式，是提升学生英语阅读能力的主要教学目标。英语阅读教学，是以语言知识与词汇的教学为基础，不断完善学生的知识结构体系，提升学生的英语假设、预言、推断能力。"意群法"的核心就是不拘泥于以某个单词作为最小阅读单位，而是以"预制语块"帮助学生提升阅读速度，从整体视角理解语句内涵，避免学生在阅读中出现逐词阅读和逐词理解的情况。

一、"意群法"指导下的英语长难句阅读能力的提升

（一）长难句阅读能力提升的着力点——攻克长难句

　　进入九年级之后，随着学生英语词汇量的增加，在英语阅读方面的要求也会相应地提升。而长难句是学生在英语阅读中常见的阅读障碍，导致学生难以在规定时间内完成相应的阅读任务，这就需要提升阅读能力与阅读速度。而阅读障碍主要以生词和长难句为主，即便学生能认知单词，也经常由于长难句而对阅读产生影响。有的学生甚至在阅读时逐词翻译，导致阅读速度受到影响，难以准确快速地分析句子语法，这不仅与缺乏句法知识有关，还在于其在意群划分时存在困难，很少以意群为单位开展阅读。而正是这些阅读障碍的存在，加上词汇和语法知识不良，使得学生阅读长难句时，在阅读准确性、速度等方面受到影响。

（二）攻克长难句的有效之法——意群法

　　为攻克长难句的阅读障碍，教师需要应用"意群法"指导学生阅读。综合应用长难句句法分析与"意群法"阅读，让学生在文本阅读中注意单词、短语、语法知识积累，才能提升阅读成绩与速度，使得学生阅读能力得到提升。例如，下面这段长难句：Doctors have been studying the relationship between health and obesity. They found that "pear" has less body fat, but "apple" has more body fat than external fat.在这一句阅读材料中有30个单词，如果学生对其意群划分不准确，那么读很久也难以明确其含义，此时就需要教师引导学生明确其句式结构。

　　根据其句型不难发现，其框架就在于"Doctors have been studying"在整个句子中提供了2个从句，后续采用了非限定性定语从句，主要是用于修饰主语。为帮助学生理解，需要理解下一个宾语从句，以及考虑but作为转换结构时新增加了一个并列分句。在分析完其语义脉络和结构后，就能更好地扫除阅读障碍。

二、"意群法"指导下的学生英语阅读的理论运用

（一）理论基础

虽然利用"意群法"指导有助于攻克长难句，但是教师在对学生提供阅读指导时，需要将以下理论作为支撑点，为"意群法"在学生英语阅读指导中提供帮助。一是加强句法分析理论的运用。句法分析理论的核心是从有限规则生成无限句子。在日常学生的阅读指导中，教师应引导学生总结句子结构，明确长难句句法结构与特点，注重句子主干提炼，精准掌握句子意义。二是加强建构主义理论的运用。在建构主义理论下，学生是学习的主体，教师的作用则是指导和帮助学生。因此在引导学生应用"意群法"开展阅读活动时，教师应结合学生学情，为学生精心准备阅读材料，做好对学生的点拨，让学生在自主阅读中发展。三是加强认知同化学习理论的运用，要求学生将所学习并掌握的各种单词、短语和句法在阅读活动中应用，为构建新阅读技能奠定基础。

（二）理论运用

在运用上述理论对学生开展"意群法"阅读指导时，应重视以下三个方面：

第一，引导学生掌握基本的英语语句结构与句型，找准句子主干，给学生介绍5种常见的基本结构，让学生在教师的引领下总结5种基本句型结构特点与成分，使得学生在自主训练和讨论中强化句法知识，为利用"意群法"在长难句意群划分和句法分析等方面奠定基础。

第二，加强学生长难句分析指导，在学生对基本句子成分与结构掌握的前提下，引导学生分析、归纳长难句句法的难点。只有攻破了长难句的阅读障碍，才能提升学生的阅读能力。学生在难点分析与归纳中能够得到基本的处理方法，教师应指导学生转变传统的阅读习惯，按照意群来阅读。在长难句句法分析指导中，教师应结合学生学情和实际确定长难句的难度，找准句法分析难点。学生在八年级已经学习了部分状语、定语、名词性从句，但是对强调句、倒装句、省略句等一些特殊的句型与非谓语动词尚未学习。因此，为帮助学生掌握这些句法的长难句意群分析方法，教师可以在阅读材料中引导学生结合现有知识对句子进行判断并划分成分，找到句子主干。而针对尚未学习的句型，教师则要引导学生通过阅读和分析句子的成分找到重点短语和意群，根据句子结构与上下文来分析其意思。教师要在适当指导中让学生逐渐积累这些重点短语，使学生对长难句的句

法分析更加精准，为意群划分奠定坚实的基础。

第三，加强意群划分。意群划分，通常是根据固定词组以及语句的句法功能来划分。进入九年级以后，阅读文本中的长难句会逐渐增加，同时句子结构也变得更加复杂。为提升学生的阅读能力，教师在意群划分中应找准长难句结构，在确定句子结构类型的基础上理顺各成分的作用，通过归纳和总结对意群结构进行精准划分。具体而言，就是要理顺语句结构，找到主谓宾等主干，从整体上对句子有一个初步掌握，在主干确定的基础上为句法分析奠定基础，在句法分析中通过确定句子成分结构，结合结构类型判断意群划分的位置。

三、"意群法"指导下学生英语阅读能力提升的具体途径

（一）"意群法"指导学生阅读的前提——科学划分意群

利用意群法指导学生阅读时，其关键就是能划分意群，而意群的划分，首先就必须明确"意群"的内涵。意群主要是针对意义、语法结构联系紧密的一组词。其中，既有关键词，又有非关键词。能提供关键信息的就是关键词，表达辅助信息的就是非关键词。一个意群内一般不得停顿，以保证意思表达与理解。教师要引导学生从传统的以词为阅读单位转移到以意群为阅读单位，将意义、语法结构关联性较强的多个词形成的完整信息以成组的方式输入大脑，快速准确理解文本大意。这就需要学生在阅读时精准划分意群，通过将语句划分成多个意群，在阅读时转动眼球，扩大视幅，扫视意群，基于整体的视角来领会意思。在意群阅读时，学生需要注意实词，而对语法结构虚词则可以不必在意，只要不影响文本基本思想即可。

（二）"意群法"指导学生阅读的方法——科学运用意群

意群阅读过程是从一个意群转移到另一个意群的过程。在运用意群阅读时，应采用以下方法：

1.找准上下文线索，强化对语句的理解与学习

例如在教学How can we become good learners? 这一单元时，教材最后要求学生阅读关于魏芬的短文并回答问题：①为什么魏芬觉得学英语很难？②她在英语课上做了什么？③学习语言的秘诀是什么？

在这一案例中，在阅读中应用意群法阅读时，首先是在其中的长句中找到线索。例如在第一自然段中，"The teacher spoke so quickly that I did not understand her most of the time." 这一句主要采用的核心句式是："so…that…"（如此……以至于）；句子用的是一般过去时态；考查句式："so…that…"（如此……以至于）引导的结果状语从句；重点词汇有：quickly 迅速地，understand 理解，most of the time 大多数时间。因此，教师应通过上下文来找到线索后，对这一长难句进行意群划分。

在意群划分过程中，为了引导学生学习意群阅读技巧，教师需要让学生在阅读短文的过程中学会通过文字材料提取主干信息，既要让学生习得知识，又要让学生在问题的引导下点燃思维，让学生发现和探究问题，在意群法阅读中逐渐建构新的知识体系。教师要引导学生在阅读中与文本、作者、自己对话，在与文本对话中品味文本，在与作者对话中勘探文本，在与自己对话中叩问文本，从解析文本向推测作者观点发展，进行观点碰撞，让学生对问题产生自己的观点。这一过程，既是对文本信息整合的过程，又是结合学生最近发展区、引领学生朝着高阶思维发展的过程。在意群法阅读中，教师应以夯实学生语言能力为基础，兼顾学生的思维品质与文化品格，增强学生的思维能力，以推动学生多维度发展为目标，增强阅读教学的实用性。

2.找准意群结构，强化对意群的划分与阅读

通常而言，长难句具有修饰语多、并列成分多、语言结构层次多的特点，因此需要结合上下文的线索以及句子成分分析，加强对长句、难句的理解。具体而言，就是秉持"词不离句"的基本原则，在对单词的词性进行正确判断的基础上，对其在句子中存在的成分进行判断，找出主谓宾，基于整体视角把握句子结构，结合主谓宾成分划分主干，深化对长难句基本意思的理解。而在此基础上，就需要找到谓语、非谓语动词，以及介词短语和从句引导词，明确从句与短语的功能与作用。比如，属于主语从句，还是宾语从句，还是表语从句或同位语从句。最后则是对词和短语以及从句之间的关系是什么进行判断。比如，定语从句修饰的先行词是哪个词，介词短语所修饰的是哪个词。此外，还要根据插入语与其他成分，对句子中是否存在固定词组或者固定搭配的情况进行判断。

例如，在 "The hotel workers received him and telephoned the manager for they had never seen a bicycle in the hotel hall before though they live in 'the kingdom of bicycles'" 这一句子中，"The hotel workers" 就属于名词词组，而 "received him and telephoned the manager" 则属于动宾词组，而 "for they had never seen a bicycle in the hotel hall before"则属于状语从句，旨在表原因，"though they live in"则属于状语从句，旨在表让步。通过明确对每个意群的结构划分，就能更好地掌握阅读技巧。

3."意群法"在读写结合中的应用

学生英语阅读能力提升的重要途径就是读写结合，能让学生将阅读中掌握的写作技能运用到写作之中。具体而言，在读写结合中运用意群法时，教师应让学生在学习的过程中对文本的篇章结构有一个清晰感知，清晰认识文本的布局结构，掌握和总结文本的写作方法，采取以读促写和读写结合的方式，使得意群划分与阅读、写作有机结合起来。这就需要学生应用所学的意群划分方法对写作的文本进行科学的意群词组设计，将阅读中掌握的写作技巧与自身的写作过程结合起来。在完成写作后，学生可以读者的身份用意群法阅读自己的作品，发现阅读写作中出现的不足，分析不足的成因，并对其改进。教师应引导学生将所学的知识应用于实践中，增强学生的读写结合能力。

4."意群法"在阅读素养培养中的应用

阅读能力的提升旨在增强学生的阅读素养。因此，在利用"意群法"阅读时，应基于学生阅读素养培养的需要，以学生阅读能力培养和综合语用能力培养为导向，以发展阅读思维品质为目标。这就需要教师引导学生从整体上阅读和理解文本的表层意思，结合阅读任务要求强化对阅读文本的深层次理解，做好文本评价性理解，基于内容信息、语言文字、篇章结构与主题意义四个方面，深层次地运用"意群法"把握文本内涵，让学生在阅读活动中不断成长。

综上所述，"意群法"指导下的英语阅读，就是在英语阅读教学中以乔姆斯基英语句法分析理论、皮亚杰建构主义理论、奥苏贝尔认知同化理论为指导，结合学生在英语阅读中的障碍焦点，采取科学的方式，引导学生在意群划分和阅读中切实掌握语法结构，加强句式分析，注意知识储备，使得学生的阅读能力得以提升。

第十章 初中英语写作能力的培养

第一节 单元整体教学策略助推初中英语写作能力

一、初中英语写作教学现状

写作作为英语学科学习的重要组成部分，在英语试卷中分数占比较大。要深入研究学生在英语写作过程中存在的问题，针对学生的实际情况开展写作教学，保证写作教学符合学生的发展要求。受中考的影响，初中英语写作教学具有一定的考试导向性，更多的是按照相应的写作模板组织学生进行写作练习，学生缺乏自我发挥的空间，独立自主写作的意识也有所淡化，导致学生对于英语写作课堂知识学习失去主动性。虽然按照相应的高分模板组织学生进行写作练习，可以有效提升学生的写作成绩，但束缚了学生的思维，不利于学生英语写作水平的提高。初中英语写作教学中，许多学生对英语写作缺乏兴趣，教师的教学模式比较单一化，导致英语写作教学比较枯燥。通过英语写作教学，许多学生并没有提升自身的英语写作表达能力，也没有在日常生活中进行英语口语表达。这是初中英语教学亟须解决的一大难题。

随着信息技术的发展，各种信息化教学设备应用于课堂，给教师和学生带来了更多的学习便利，教师可以利用信息化教学设备向学生传授各种英语学习方法，激发学生的学习潜能。在初中英语写作教学过程中，教师要注重引导学生主动进行课堂问题的分析研究，帮助学生在分析问题过程中掌握所学知识，让学生对英语写作学习充满兴趣，积极主动投入到英语写作中，同学间互相取长补短，使学习质量和效果有所提高。教师可以利用信息化教学设备呈现多样化的文本素材，让学生通过文本素材阅读进行语言知识的积累，提高学生的英语语法水平，使学生在写作时知道写什么，并且知道怎样运用英语语法规则，防止出现语法错误。通过丰富多样的文本素材，激发学生的写作积极性，让学生可以在主动学习过程中体会到英语语言知识学习的乐趣。

二、英语单元整体教学的基本内涵

（一）单元与整体

单元是指一个主题关联性的教学内容集合及其与之相联系的有机的教学过程"板块"。单元是学科教学的基本单元。不同学科的单元组合形式各有不同。英语通常以一个主题为教学单元。从译林版小学《英语》教材来看，每个单元都有明确的主题和功能。从横向上看，教材单元具有情境性和独特性，从纵向上看，教材单元具有相关性和发展性。强调单元教学，即是强调主题教学，其关注教学的完整性和系统性。

整体的表现形式很多，它可以是一节课、一个单元，或是一个学科。整体的基本思想是关注单元目标和分课时目标、整合教材内容、整体设计教学活动以及评价活动，实现教—学—评一致性。整体强调系统性、有序性、方向性。整体教学是一种运用联系的观点整合教学内容、组织教学活动的教学方式，凸显的是教学内容、教学过程的整体性，目的在于使整个教学更加完整、系统，促进学生整体认知水平的发展。

因此，可以这样总结：单元是教学的基本单元，整体是教学的指导思想，单元和整体都是单元整体教学的重要特点。

（二）英语单元整体教学

黄伟燕认为英语单元整体教学设计是以单元主题为线索，巧设单课话题，细化单课目标，精设教学内容，让课时和课时之间具有递进性，在各课时的推进中不断加深学生对各单元语言知识的理解与记忆，在此基础上全面发展学生的听、说、读、写能力，尤其是运用能力的一种教学模式。

笔者认为英语单元整体教学就是以单元主题为线索，拟定单元目标和课时目标，在明确的学习目标统领下，对一个单元的学习内容和活动进行系统规划、整合设计、关注联系、关注发展，充分发挥和落实单元学习价值，找准教学重难点，开展连续课时教学，并进行整体评价的教学模式。英语单元整体教学应该包括四个阶段：分析阶段、设计阶段、实施阶段和评价阶段。每个阶段都要体现单元意识和整体意识。同时，英语单元整体教学的目的不仅仅在于让学生综合运用语言知识和能力，还在于提升学生的英语学科核心素养，将英语学习与真实世界相联系。

三、英语单元整体教学的基本要素

（一）单元主题

主题为语言学习提供主题范围或主题语境，对主题意义的探究是学生学习语言的最重要内容，直接影响学生对语篇理解的程度、思维发展的水平和语言学习的成效。英语教材通常一个单元有一个主题。主题包括人与自我、人与社会和人与自然三大范畴。各范畴下设置几个不同的主题群。主题群下设置若干子主题，下文称为话题。话题是课堂实施的具体内容，是对主题的具体解读，通常一个单元可以有多个话题。话题之间可以是并列关系，也可以是递进关系。因此，主题与话题是整体与部分的关系。主题可以来源于教材单元，来源于社会所关心的议题，学生自身感兴趣的、与自我有关的问题。话题根据主题确定，不能偏离主题，也不能超越主题。

（二）单元目标

单元目标是指学生在完成相关单元学习内容后所要达到的要求，是课程目标在具体教学过程中的体现。单元目标的制订依据英语课程标准、教材和学习者水平。课时目标是单元目标分解到每一课时的具体要求。课时目标之间具有联系性和发展性。单元目标和课时目标要把预期的核心素养综合表现融入其中，体现层级间逻辑关联，做到可操作、可观测、可评价。因此，英语核心素养背景下的单元目标制订和课时目标制订都需要关注语言技能、思维品质、文化意识和学习能力四个维度，需要提前思考活动设计和评价设计。

（三）单元内容

单元内容是英语单元整体教学的重要载体。在单元整体教学中，单元内容从教材本身来看，包括语篇内容、活动形式、图片信息、学习提示等；从语言知识来看，包括语音、词汇、词法、句法、语篇、教学重点和教学难点。《义务教育课程方案和课程标准（2022年版）》指出，教师需要在全面、准确、透彻理解教材编写意图的基础上，对教材内容进行科学、合理的重组或取舍，实施精准教学，确保学生学习机会的最大化和学习效果的最优化。因此，单元内容需要根据课时话题和课时目标进行重组，构成课时内容。为了弥补课时内容的不足，教师还可以添加文本、绘本、图片和视频等资源。

（四）单元活动

单元活动是指根据课程目标和教材内容，以学生为主体，让学生通过听、说、读、写等多种途径和方式，在交流、合作和探究中学习和使用英语，从而培养、提升语言综合运用能力，落实单元教学目标。首先，单元学习活动要具有挑战性，需要对学生学习过程中的表现和可能遇到的困难做出预设，做出基本的应对方案；其次，单元学习活动应帮助学生建立书本内容与真实世界之间的联系；单元学习活动还需要把握教学内容的重难点，促进学生认知的转变和提升。同时它还要处理好概念教学和探究性学习的关系。最后，课时活动作为单元活动的一部分，也需要具有挑战性，联系实际生活。因此，单元活动和课时活动需要创设语境链接书本和生活，需要设计问题和任务提高学生学习动机，需要整体把握单元活动和课时活动的联系和发展，促进学生素养的逐步提升。

四、英语单元整体教学的特点与步骤

（一）基本特点

1.整体性

英语单元整体教学强调整体性。整体性既是英语单元整体教学的基本特性，也是单元整体教学的基本原则，贯穿于整个单元教学过程之中。目标、活动、作业、评价等环节的设计，互相之间应建立联系。同时应该将学科核心素养的各要素融入单元设计之中，通盘考虑整体性。也就是说，英语单元整体教学在目标制订、活动实施、评价指导、作业设计中都体现整体性。学生的英语核心素养在单元整体教学背景下也应该整体性发展。

2.整合性

英语单元整体教学中教学内容安排具有整合性的特点。为了避免教材碎片化和割裂化，在深入研读教材基础上，基于单元主题和课时话题的需要，对单元教学内容进行内容整合和优化调整，形成各课时内容。整合后的课时内容围绕课时话题展开，为帮助学生深入探究主题意义提供内容资料。

3.情境性

语言的使用都是在生活情境中发生和发展的。为了使学生感知学习和使用英语的真实感、现实感和需求感，教师要为学生创设贴近他们生活经验的情境。英语单元整体教学关注情境的创设，关注情境与学生生活的互相联系。它通过单元大情境将各课时连接起来，形成整体。同时，每个课时都有与单元主题相关的小情境。学生在统一的、相互联系的情境中学习，有利于提高学习兴趣，有利于形成清晰的单元知识结构。

4.递进性

英语单元整体教学是一种递进性和发展性的教学。递进性主要体现在英语单元整体教学中，单课时之间要做到从简单到复杂、从单一到综合、从基础到提高，体现循序渐进、层层递进的关系。具体来说，主题意义、教学目标、教学内容、教学活动、教学评价都需要体现递进性。并且学生的语言技能、思维品质、文化意识和学习能力也需体现出发展性。

五、以单元整体教学策略助推初中英语写作能力提升

在实施新课程改革以来，教材编写也按照新课程中的要求进行，对于初中英语教材来说，改变了以往英语教材中的结构以及知识的编排，而且教学方式也随之改变，使得教学方法研究成为初中英语教学改革的重点，以下主要分析单元整体教学策略在初中英语写作教学中的应用实践，帮助学生提高英语写作能力。

（一）单元整体教学策略

整体教学就是将教材中的所有教学内容和教学目标进行统一结合，从而形成整体教学的基本概念，而单元整体教学正是以整体教学为基础，将教学划分为单元进行教学，从而将教学编写的整体效应发挥出来，提高教学的使用价值和教学效果。从大方面可以理解为，单元整体教学就是将初中英语教材中每个单元都当作一个整体进行教学，从小方面可以理解为，单元整体教学是将教材阅读理解教学、语言结构教学、单词教学、听说读写教学等作为最小的教学单位。因此，单元整体教学将初中英语教学中的内容，按照单元这个单位展开教学，每个单元的主题不同、内容不同、侧重点不同，进而根据单元主题进行整体教学策划，明确教学目标和教学重难点，从而为接下来的教学奠定良好的基础。

（二）初中英语写作单元整体教学策略实施原则

本研究采用上海牛津教材，根据教材编写的结构和内容，采用单元整体教学策略，助推初中学生英语写作能力的提升。具体策略是以教材中的每个小单元为教学单位，并明确每个单元的教学目标。将教学目标中的写作目标挖掘出来，设

计写作教学实施教案，可以将目标划分为单词、句式、段落等，在开展教学时，需要遵循以下实施原则：

1.坚持以教材为本

在教学过程中，要充分利用教材中的内容，尽管教材设计中较少涉及写作，这时教师就可以充分挖掘其中的写作元素，并结合内容，开展写作教学。

2.明确各单元主题

单元主题是明确教学目标的关键，根据教学大纲的内容，将写作教学需要的单词、句式和段落等进行分析和归纳，解读教材目标。

3.采用阶段式教学

单元目标是基础，课时目标是依据，能够为写作教学提供更多的词汇量、素材量，帮助学生掌握写作的基本要求。

（三）以单元整体教学策略助推初中英语写作能力提升的实践

为了探究单元整体教学策略在初中英语写作教学中的应用，以下采用上海版牛津英语七年级上册，以Unit3为例，开展单元整体教学。

1.写作结合句型理解

对英语教材中的句式有一定的理解，才能在写作过程中灵活运用，因此，要理解某一句英语中采用了什么句型，包括主语+谓语、主语+谓语+宾语、主语+谓语+间接宾语+直接宾语、主语+谓语+宾语+宾语补足语、主语+系动词+表语等五种，在教学过程中，可以让学生进行句型模仿，比如，主语+谓语+宾语的学习，"You have changed. You like singing. Now you like dancing."

教师可以引导学生对这些句子进行理解，明确哪部分是主语、哪部分是谓语、哪部分是宾语，并举例说明，这时就有学生会回答："You have changed. You used to hate learning, but now you love learning." 然后让学生进行写作训练，根据"You have changed"进行写作，充分发挥学生的思维能力，结合这个句型进行编写，加深对句型的理解。

2.写作结合词汇

在第三单元教学中，主要是理解教学目标中单词的掌握，明白可数名词和不可数名词，并将这些单词应用到写作中，比如，可数名词land、problem、fact，不可数名词pollution、energy 等，让学生理解可数名词有单、复数之分，而不可数名词没有复数，可数名词可用 many 表述，不可数名词用 much 表述，两种名词均可以用 a lot of 或lots of，比如，"I have many problems to ask my teacher. Solar energy belongs to clean energy."让学生继而用这些可数名词和不可数名词进行举例仿写，锻炼学生的仿写能力，同时加深对可数名词和不可数名词的理解。

总而言之，作为初中英语教师，采用单元整体教学，能够在单元中将句型和词汇进行分开教学，分析其中可以用来进行写作练习的元素，进而提高学生的英语写作能力。

第二节　读写结合促进初中学生英语写作能力

一、英语写作的特点

英语写作是指正确进行单词拼写，正确运用英语语法知识和表达方法，按照一定的要求、格式和题材进行的写作，包括句子、段落、短文、笔记和书信的诸多形式。其中，不同于其他几项语言技能的是，英语写作既要了解话题与功能，又要具备充分的语言知识储备，包括词汇、短语、句法结构等，然后经过对话题的思考与分析，组织语言结构来进行输出和表达，这一过程既不是简单记录思想，也不是口语的表达习惯能够完成的，而是已经过语言解码和重新编码的一个十分复杂的过程，也是对学生各种技能的一种综合的要求。因此，英语写作是在围绕一个话题或功能的前提下，整合语言知识和思维逻辑，以符合语法规则和表达习惯为准则，采用书面语言形式来表达自己的思想意识的复杂的过程。英语写作不仅能够评判学习者的语言知识和对规则的掌握情况，更能体现出学生的思想意识和思维逻辑。

二、英语阅读与写作之间的相互关系

阅读可以看作是语言的一种输入，而写作则可以看作是语言的一种输出；阅读作为一项语言技能，是让学习者在读文章的同时接收语言信息，了解、学习并掌握目的语的语言规则和表达习惯，通过阅读这一步骤，可以让学习者掌握目的语的语言知识，在经过自身的内化和巩固以后达到语言水平的提高，因此，可以认为是语言知识的输入。然而，写作是让学习者将自身的语言知识经过整合、重组、构建等步骤进行书面的表达，所呈现出来的内容即为写作，因此，这个过程

可以看作是语言知识的输出。

综上，阅读与写作、输入与输出都是语言教学中的重点，阅读可以为写作提供丰富的词语、短语、语法结构等材料的积累，而写作可以将这些材料整合、重建后正确科学地表达出来，两者间存在着相互促进的作用，这也是读写结合教学模式科学性的一个理论支撑。

三、读写结合教学模式

（一）读写结合教学模式的含义

读写结合是一种教学模式，又称为以读促写。它要求学生在阅读原文的基础上进行写作。也就是说，阅读与写作要相互结合，以阅读的方式来促进写作技能的提升，从阅读中获取大量的语言知识和表达习惯，并将这些内容进行内化、重建，输出为合乎语言规则和表达习惯的写作内容。

（二）读写结合教学模式的特征

读写结合教学模式可以将阅读和写作教学有机地结合起来，统筹安排，相互促进，使学生的读写能力协调发展。它并不是简单地将阅读教学与写作教学叠加起来，而是要将两种模式结合起来，强调将阅读和写作作为一个整体，用宏观的思维来进行言语技能的教学，这就使学习者能够全面提升言语技能，将语言知识最大限度地运用到实际表达中去。反之，实际表达的需要则同样也会促进语言知识的学习和掌握，形成一个学习的良性循环，对学习者不断提出更高的阅读要求，积累更多的语言材料，进行更加合理、正规的语言表达和输出。

四、初中英语读写结合教学的必要性和可能性

（一）初中英语读写结合教学的必要性

解读了现行的写作要求和评价标准，并通过问卷和访谈分析了学生写和教师教的现实情况后，可以看到进行读写结合的教学是必要的。

1.通过"阅读"的输入，搭建"写"的基础

在学生心目中，写的能力是重要的，但由于"不会写"进而"怕写"，因此对于写作的畏难情绪越发强烈，让学生无法爱上写作。但写作能力的培养，不是通过模仿几篇范文就能达成的。

正如Paul Davies在Success in English Teaching中所说，"Good writing skills usually develop from extensive reading, some specific training, and a good deal of practice."可见，良好的写作能力一定是源于广泛的阅读，阅读为写作提供了养料。所以有了读的输入，在读的基础上多模仿，学生也不会见"写"就怕了。

2.通过读写结合培养学生写的习惯，激发写的兴趣

从学生问卷调查的数据中可以看到，学生在平时缺少写的习惯，这也令他们觉得"写"是考试的要求，是一种负担。而教师对于写作的教学和评价方法，也让学生无法体验到"写"的快乐。在课堂教学中，进行写作训练时，学生感受到的是应试所需，应试作文虽是重要的能力，但也如前面所提到，它不是作文教学的全部。写作也是思想、情感的表达和交流。所以，通过阅读，激发学生表达自己想法的意愿，而后落到笔头，这样常态化的写作训练，应该与日常的教学相结合，从而让学生养成写的习惯。

（二）初中英语读写结合教学的可能性

在学生问卷调查和教师访谈中，他们都对读写结合有着积极的态度，这也为读写结合教学的开展实施提供了可能。

（1）学生在问卷中反馈，他们希望得到教师在写作上的帮助，也愿意通过阅读来辅助自己的写作，并且部分学生会将课文中所学词汇句型运用到写作中。这说明，学生会通过读来帮助自己写，且觉得这样是对自己有帮助的，所以他们也愿意用"读"来辅助自己的"写"。

（2）部分教师在平时的写作教学中，有读写结合教学的意识，并尝试运用这样的方式教学。由此可见，教师们在日常教学中，认同读写结合教学对写作教学是有帮助的。但是，也正如他们所说，不知道如何实施、组织读写结合教学，缺少方法指导。对基础薄弱的学生，用读写结合的方法指导他们写作，不知是否有效。

五、初中英语课堂读写结合教学提高学生写作能力的路径

（一）初中英语读写结合教学的原则

阅读与写作是相对独立又密切相关的，二者是互逆的过程，英语教师要抓住读写的对应性，提高读写结合教学的有效性。初中英语读写结合教学要遵循以下原则：

首先，以阅读为基础。虽然读写结合是双向过程，但阅读是写作的基础，学

生通过阅读才能获取更多的知识。读写结合中的阅读具有明确的指向性，教师需要进行监控、协调，指导学生掌握正确的阅读方法，了解阅读目的，以保证阅读效果，从而为后续的写作打下坚实基础。其次，丰富的切入点。读写结合的切入点可以是文本中的关键词，或者一些句式，甚至一些修辞手法。在具体教学中，教师要灵活掌握，遵循学以致用的原则，找准读写结合的切入点。比如，以关键词为切入点，学生需要深入理解关键词的内涵、语境，还要对关键词进行拓展、升华，在写作时灵活运用；以句式为切入点，学生则需要学习如何将丰富的句式自然地运用到写作中；以修辞为切入点难度相对较大，学生需要掌握应用修辞手法的注意事项。再次，合理设计写作任务。写作是读写结合教学中的输出环节，教师要注意强调写作与阅读的密切结合，设计写作任务时可以根据上述切入点只进行段落或语段的写作，无须兼顾阅读文本的每个细节，并且写作评价可以采用同伴阅读的方式，学生之间互相交流写作心得，评价写作内容及写作方式。这样既能够激发学生的写作兴趣，又能够增强学生之间的互动，有利于学生从同学身上汲取优点、弥补不足。最后，注重对学生英语核心素养的培养。读写结合教学的最终目的除了提高学生的阅读能力及写作能力，还要引导学生对文本进行更高层次的建构，通过读写结合激发学生的想象力，加深其对文本的理解，提高其书面表达能力及英语知识应用能力，因此读写结合教学要注重对学生英语核心素养的培养。教师要深入挖掘教材，通过读写结合提高学生的思维品质，培养学生的文化意识，按照"由读到写、由写到改、由改促思"的路径层层深入，进一步提高学生的学习能力及语言能力，促进其英语核心素养的提升。

（二）初中英语读写结合教学的基本流程

初中英语读写结合教学包括以下几个环节：一是阅读导入。阅读前，教师先通过话题引出文本内容，激发学生的学习兴趣，引导其积极、主动地参与课堂教学。比如，可以将文本中的关键词呈现出来，让学生根据关键词预测文本可能涉及的话题，大胆猜测文章大意，让学生带着问题进行阅读。二是文本阅读。读写结合教学中，教师要注意文本的整体性，引导学生通过有效阅读获取更多信息，并注意文本中写作技巧的应用，为后续的写作练习提供参考。比如，可以采用表格的形式将文本中的信息罗列出来，再与学习小组的同学围绕信息进行讨论，为后续写作做铺垫。三是信息处理。读写结合教学中，学生需要在有限的时间内完成阅读与写作两个任务，这就要求学生全面而高效地处理信息。教师要注意培养学生挖掘细节信息的能力，并强化对细节的记忆与理解。四是讨论环节。讨论的主要目的是加深学生对文本的理解，补充更全面的信息，因此是读写结合教学中的难点。讨论时，教师可以将学生分为若干学习小组，将文本内容分为不同的话题，不同的学习小组讨论不同的话题，接下来彼此再分享观点、构建语篇、互相启发，协同完成写作任务。五是写作环节。在设计写作任务时，教师要充分考虑阅读文本的类型、风格，写作任务要紧扣文本主题，并尽量联系学生的生活实际，以降低学生的写作难度。实际写作时仍然以小组为单位进行，组内成员分工合作，每个人分配到的任务各有不同，包括搜集写作素材、提供写作思路、记录写作过程等，学生之间互相帮助，既能够强化学生的团队合作意识，又能够增强其思维能力，提高其分析问题、解决问题的能力。

（三）初中英语读写结合教学策略

在初中英语读写结合教学中，教师可采取以下策略培养学生的写作能力。

1.强化学生的阅读输入意识

学生的阅读量、词汇量等直接影响其写作水平。阅读是语言输入的过程，教师要有意识地培养学生良好的阅读习惯及阅读意识，循序渐进地指导学生掌握阅读策略。比如，可以从一篇英语短文入手，再慢慢地拓展至英语演讲稿、英语新闻稿件、短篇小说、电影剧本等。学生的阅读兴趣被激发后，就不再认为阅读是一种负担，而是一种享受。阅读量大，获取知识的渠道就更多元，因此教师要激发学生的阅读兴趣，鼓励其在课余时间利用网络阅读英文资料，或者在家长的陪同下观看英语原声电影，这样既能够调动学生的积极性，又能够扩大其英语知识视野。此外，教师还要将教材中阅读材料的作用充分发挥出来，结合学生的实际情况选择难度适中的材料开展教学。每天布置阅读任务，定期布置写作任务，在阅读中渗透写作教学，引导学生进行深度阅读，在培养学生良好阅读习惯的同时为其写作打下基础。

2.注重阅读后的写作输出训练

要提高学生的英语写作能力，就必须注重阅读后的材料积累及日常训练。教师可以要求学生从阅读材料中摘抄优美的语句，或者对阅读材料进行续写、扩写、缩写等，将阅读活动与写作训练紧密结合在一起，通过日积月累的训练提高学生的英语写作能力。教师要注意引导学生养成用英语思考的习惯，写作训练应涉及各种题材，但以更贴近学生日常学习生活的题材为主，这样学生才能有话可写。还可以鼓励学生写英语日记，让其自由发挥、自由创作，进一步激发其写作兴趣。教师需要做好日记的批改，指出其中的词句错漏、语法错误等。在阅读课堂，教师要注意阅读技巧、阅读策略的讲解与教授，避免将阅读课上成语法课。读写结合教学可采用交互补偿的模式，引导学生掌握文章脉络及优秀词句，快速理解阅读材料，这样才能保证学生在写作时能够完整、连贯、得体地表达，进一步提升学生的语用水平。

3.给予科学的评价反馈

评价反馈是英语教师了解学生学习情况的重要手段，科学、全面的评价可以使学生更清楚自己的问题所在，比如，文章结构分析方面存在的问题，或者仿写时模仿不到位的原因等，因此评价反馈是教师开展读写结合教学的重要突破口之一。实际教学中，教师要注意反馈评价的方式方法，先肯定学生作文的可取之处，标注文中的精彩部分，再用个性化的评语指出学生作文中的不足，提出修改意见。教师也可以利用多媒体技术，带领全班学生共同评价一篇典型的文章，对这篇文章的优点与不足进行细致分析。分析学生自己写的文章能够更好地基于学生的角度、学生的思维习惯实施评价，学生更容易接受与理解。评价过程中，先对学生作文的文本结构进行整体评价，再进一步细致分析具体的用词、语法结构、句式结构等，最后让学生集体对例文进行评分，并阐述自己的理由。这个过程中，学生能够清晰地认识到自己在写作方面的优点与不足。此外，教师还可以要求学习小组各成员进行互相评价。学生之间存在显著的个体差异，教师要注意保护每个学生的写作兴趣，通过分层教学真正做到因材施教。

六、初中英语读写结合教学案例分析

下面以笔者执教的一节初一英语读写课为例具体分析读写结合在初中英语教学中的应用。阅读材料的主题为在大城市生活的优点及缺点。具体教学过程如下：

第一步，阅读导入。笔者利用多媒体给学生呈现我国的上海、北京，美国的纽约，英国的伦敦等大城市风光的照片，再呈现与之对比强烈的乡村风景照片，设置主人公Jack收到朋友来信的情境。Jack的朋友Tom邀请Jack去大城市生活，但Jack一时难以抉择，请学生帮Jack出主意，一起讨论在大城市生活的优缺点，最后再由Jack做出选择。教学情境将学生带入相对真实的场景，城市风光照与乡村风景照的对比能够使学生对文本内容做出预测，并对城市与乡村的生活产生直观印象。以朋友来信的情境导入主题及生词，更贴近学生的实际生活。

第二步，文本阅读。文本阅读包括快速略读与认真精读，略读时引导学生概括段落大意后加注小标题，并寻找每个段落的中心句，帮助学生树立篇章意识、段落意识，加强对文本的整体把握。认真精读则具体到每个词句、语法、支撑细节，引导学生分析第一大段、第二大段的中心句，第三大段属于总结性段落，引导学生寻找问题的答案，比如，"What does the writer think about living in big cities？"，进一步提高学生对文章的理解程度。精读能够加深学生对文本的理解，学生掌握其中的重点词汇，从而建立文本结构框架，进而提升语言能力。

第三步，信息处理与讨论。本节课教学中，笔者将信息处理与讨论两个环节放在一起，学生通过讨论分析在大城市生活的优势、不足，运用文本中的语言知识发表自己的看法。比如，学生之间可以互相提问"What do you think of in the countryside？"，学生的讨论能够促进彼此思维的碰撞，拓展学生的写作思路。

第四步，写作。写作环节，笔者引导学生先列写作提纲，确定文章的基本结构及要点，再以四人学习小组为单位讨论在大城市生活的优缺点，以及在乡村生活的优缺点。小组讨论的过程中，指定一名小组成员做好讨论要点记录，用作后续写作的素材，讨论的过程也是培养学生思辨能力的过程。

写作提纲确定后即可进行独立写作。此时教师可以为学生提供一些参考词汇，比如，可以将各学习小组讨论出来的典型词汇列举在黑板上，以提高学生的写作资源应用能力。

第五步，评价反馈。学生完成写作后，教师先利用课堂剩余的时间让学生进行互评，在文中标出精彩的部分及不足之处，评价内容包括文章结构、连贯性、思想性、用词、语法等。最后教师再将文章收齐在课下逐一评价，了解学生的课堂学习效果，查看学生互相评价的质量，下节课再针对此次读写课进行总结性评价。

总之，初中英语读写结合教学要注重阅读与写作的有机融合，每个环节环环相扣，通过教师的合理引导，实现提升学生英语语言能力的目标，促进学生英语核心素养的发展。

第三节　依托教材提升初中学生英语写作能力

在初中英语教学中，教师要引导学生学习掌握英语语言技巧，提高学生的自主学习能力，这对学生的进步和发展有着极大的促进作用。通过对文本素材的分析学习，组织学生进行写作素材的积累，提升学生的整体学习质量和效果，这也会对提升学生综合素养有较大的帮助。教师要注重创新写作教学模式，让学生对英语写作有足够的热情和积极性。

一、依托文本素材提升初中生英语写作能力的策略

（一）丰富文本素材内容，引导学生积累素材

在英语写作教学中，教师要注重文本素材内容的多样化，通过与学生进行沟通交流，了解学生喜爱的文本素材内容和形式，结合写作主题，有效进行课堂内容知识的创新，帮助学生在学习过程中掌握英语文本素材内容，从而有效激发学生的学习潜能，促进学生的进步和发展。通过对文本素材内容进行分析，可以让学生逐渐掌握英语语法句式，在文本素材阅读过程中学习到较好的句子内容，在学习过程中主动进行问题分析，在写作时有效进行文本素材内容的应用和模仿。依托文本素材开展初中英语写作教学，可帮助学生掌握所学知识，让学生打开自己的写作思路，并且在写作过程中总结一些写作技巧和方法，学会自主进行写作总结和评估，意识到自身学习过程中的问题，从而掌握良好的学习方法，满足自身学习发展需要。

例如，在学习"Do you like bananas？"一课时，教师教学过程中要注重丰富文本素材内容，和学生一同进行文本素材的分析研究。通过引入学生感兴趣的文本主题内容，可以提高学生对初中英语写作课堂的热情，使其积极主动投入到文章写作中，深入进行英语文本分析，提升学生的总体学习质量和效果。在本课教学过程中，教师可以组织学生自主在课前或课后进行不同文本内容的搜集，让学生找到自己喜欢的英语文本素材内容，在正式课堂教学过程中鼓励学生进行文本素材的分享学习。通过这种形式有效提升初中英语写作课堂学习质量和效果，满足学生的学习和发展需求，有效帮助学生在学习中主动进行文章写作方法的探索。学生在写作初期一定会遇到各种问题，通过对优秀文本素材的分析，可以有效帮助学生打开文本写作思路，促进学生写作质量和效果的提高。

（二）创新写作教学模式，激发学生写作兴趣

创新写作教学模式，可以有效提升初中英语写作教学效果，让学生主动通过学习获取知识，激发学生的学习积极性，提升学生的学习能力，从而促进学生的进步发展。教师可以引入各种现代化课堂教学方式，增强学生的课堂学习体验，让学生在写作课堂中发散个人思维，学会进行知识内容的总结。通过对写作教学模式的创新，可以让学生主动投入写作课堂中，教师要注重在学生写作过程中对学生进行有针对性的指导，传授有效的写作方法，促进学生提升写作质量和水平。教师要及时根据学生的课堂表现情况进行课堂教学模式的创新和优化，要激发学生对文本素材阅读的主动性，通过阅读积累素材，帮助学生巩固所学知识，促进学生学习能力的提高。

例如，在学习"Can you play the guitar？"一课时，教师可以提问学生喜欢的乐器，或者通过多媒体播放不同乐器演奏的乐曲，吸引学生的课堂注意力，帮助学生将生活经验与英语课堂教学内容进行连接，帮助学生提高英语表达能力，也能有效促使学生在学习过程中提升个人的学习质量。在写作课堂教学中，教师要注重引导学生主动结合课堂问题进行分析研究，可以让学生对自己感兴趣的文本素材进行续写，逐渐提高学生的文本阅读总结能力，并有效激发学生的写作积极性，帮助学生在写作过程中掌握英语语法知识，更为重要的是提升学生对写作的兴趣，促进学生学习质量和水平的提高。与此同时，教师要及时对学生的写作内容进行评估，及时结合学生的课堂表现进行写作教学的调整和优化，让学生在写作课堂中掌握写作方法和技巧，减轻学生写作的压力，从而可以有效提高学生的学习质量。

（三）优化写作教学方式，提升学生写作水平

在传统的写作教学过程中，许多教师的教学形式比较单一，缺乏对课堂教学进行创新的意识，这导致学生的学习积极性难以得到激发，容易让学生对英语写作产生抵触情绪。

教师要充分认识到学生在英语写作过程中存在的问题，并且及时结合学生的实际问题制订相应的课堂教学策略，以缓解学生的英语写作压力，让学生可以在写作过程中找到适合自己的学习方法，帮助学生树立英语写作的自信心，满足学生的学习和发展需求。

例如，在学习"My favorite subject is science."一课时，教师可以通过文本素

材的呈现，让学生对不同文本素材进行深入分析研究，通过这种形式可以保证学生学习质量和水平的提高，让学生在英语写作过程中有效参照所读的文本素材。教师可以组织文章写作竞赛活动，学生通过小组合作，对某一主题写作内容进行分析，从而开拓文章写作思路。通过对不同文本素材的分析，学生可以就某一文本素材内容开展写作，将文章写作的主动性交给学生，从而有效提高学生的文章写作质量和效果。在活动结束后，教师可以组织学生共同进行文章写作评价，使学生互相学习，取长补短。文章写作有助于学生提升自身的学习水平，帮助学生掌握所学知识。

（四）定期进行写作评价，提高学生写作质量

教师要定期对学生的作文进行评价，提出相应的修改建议，同时要对学生的优异表现进行肯定和表扬，提升学生的英语写作积极性。评价过程中，教师要注重引导学生学会主动进行问题分析，可以让学生进行互评，在学生相互评价的过程中找出他人文章中存在的问题，这能有效帮助学生避免同类问题的发生，从而能提升学生的文章写作质量和效果。

例如，在"Where's the post office？"一课的写作教学中，教师首先要激发学生的写作积极性，引导学生在写作过程中找到适合自己的写作方法和技巧，帮助学生提升个人写作质量和水平。教师要及时对学生写作的文章进行评价，指出学生文章中的语法问题，同时也要注重对学生在英语写作过程中遇到的问题进行研究，及时结合实际情况进行英语写作教学调整，从而提升学生的英语写作水平。组织学生进行相互评价，可有效提升学生的整体学习效果，让学生在学习过程中掌握所学知识内容。

二、依托教材，获取写作内容

（一）借助教材主题语境，激发兴趣积累写作素材

下文以《英语（牛津上海版）》为例，其中"人与社会""人与自然""人与自我"三大主题语境包含的话题，不仅涉及中外文化范畴，也与学生日常生活和学习相匹配，能有效引导学生进一步学习语言，不断积累写作素材。从教材宽度而言，每个主题模块由几个相关联话题的单元组成，学生接触到了描述此话题需要的单词、短语、句型、写作结构等，广泛积累语言知识，为写作打下基础。从深度而言，各年级的教材模块纵向关联且螺旋式深入，持续提供和输入新鲜的

语言材料。随着年级增加，同一话题以更丰富的形式呈现，通过信件、百科全书、新闻采访、诗歌、实验说明、漫画等形式抓住学生兴趣点，了解不同体裁的写作特点，培养捕捉写作素材的能力。

（二）挖掘教材单元内容，促进思维激活写作内容

通过自由联想和讨论能有效促进学生创造性、发散性思维。学生在学习教材单元内容的过程中建立时间概念、了解顺序、掌握空间概念、了解因果关系等，逐步提高思维能力。

（三）亮点迁移

教材中有很多写法规范的经典句子值得学生积累。例如 He gave a roar that turned our blood to ice. /There was terrific noise and the wave seemed to crash over the top of our car.写法形象生动，迁移到写作中：It's music to our ears that Huawei can manufacture her own 5G chips.对比 He pretended to give Ben his brush worriedly.和 He gave Ben his brush with worry on his face but joy in his heart.前者用"tell"的方式写出假装担忧，而后者采用"show"的方式，更让读者从字里行间感受到主人公的表面假装担忧实则内心窃喜的狡黠。人物形象活灵活现，显然后者更胜一筹。

三、依托教材，学习写作方法

教材为不同体裁的篇章提供了大量规范且丰富的学习样板，尤其初中阶段较常见的体裁：记叙文、议论文、说明文、应用文。不同体裁文章的写作方法有所不同，因此学生若要解决写作中"用什么方法写"的问题时，先要有文体的概念。

（一）记叙文

记叙文主要分为记人和叙事，是初中英语作文中最常见的体裁，侧重于描写和述说。记人记叙文对人物的外貌、性格、爱好、职业、习惯等特征叙述并选取有代表性的事例来写。叙事记叙文可以根据六个Elements为线索展开描述。中学阶段的写作常以顺叙为主，层次分明条理清晰。

以 The fisherman and the fish 为例，这则寓言故事按时间顺序来写，文中多次出现的暗示金鱼心理变化的天气描写、对渔夫行为表现的描写，是作者巧妙安排的两条暗线。为了能将故事脉络清晰呈现出来，教师先指导学生摘录天气、渔夫、妇人三个方面的关键信息，并借助于鱼形图示进行写作线索的梳理。

（二）议论文

以议论为主，通过摆事实、讲道理的方法来阐述观点，语言精练准确，逻辑清晰。常采用"总：明确论点—分：用论据论证—总：总结论点"的结构。论点要清晰，论据要适切充分，将事实论据和理论论据结合支撑中心观点，也可以有分论点，如：观点1+支撑细节；观点2+支撑细节。

在 9AU3Reading，Head to head 中，正反两方就"是否饲养宠物狗"提出的论点鲜明且论据充分支撑观点，文末总结升华，是很好的议论文范本。学生读后写作选择"Is it good to have a younger sibling？"话题，充分利用教材所提供的语言支架，列出恰当的论点论据，为议论文写作打下框架基础。

（三）说明文

说明文主要分陈述说明事物或者操作步骤两种。6BU1 Reading，Great cities in Asia 是一篇介绍事物的说明文，通过客观翔实的语言从position/location/famous places/popular activities/population/famous local food等方面描写城市，学生写作介绍其他城市的说明文时能围绕这几点展开或补充，也就抓住说明对象的特征。U7 Look and read，How to make raisin scones 是一篇根据制作的时间顺序来介绍如何制作司康饼的说明文，使用firstly，secondly，next 等副词来描述步骤，能增强条理性、逻辑性。

（四）应用文

初中阶段学生应了解几种常见的应用文，如书信、海报、电子邮件、请帖等。将教材中学到的基本格式、实用的交际功能以及习惯用语等应用于写作。

例如 8AU1 Reading，A letter from a pen friend中呈现了英文中的写信规范格式。一般由几部分组成：信头、称呼、正文、结束语、签名。写作时要明确交际语境，如果对象是同龄人，写作的称呼、口吻、话题都要与之匹配，最后还要注意语言简洁且规范得体。

事实证明，充分利用初中英语教材是一项有效的尝试。教师在写作教学中充分了解学生写作的难点在哪，依托教材有的放矢。从学生英语写作所关注的"结构+要点+逻辑+语法+亮点"等方面，挖掘内容、框架、语言、方法的支撑，降低了写作的难度，又激发了学生写作的兴趣与信心，在提高学科素养的同时，逐步提高学生的写作能力。

综上所述，在初中英语写作教学过程中，教师要注重培养学生的学习能力，要让学生对英语写作表达充满自信心，让学生敢写、会写，这有助于提高学生的总体学习水平。通过不同类型的文本素材，激发学生积累写作素材的热情，也会让学生在文本素材阅读过程中提升个人的阅读能力，保证学生在阅读过程中掌握所学知识，激发学生的学习潜能，从而帮助学生不断提高自身的学习质量和效果。

第十一章　初中英语自主学习能力培养

第一节　培养中学生自主学习能力的重要性

现代教育的目的应指向学生各方面的和谐发展，着眼于健全人格的塑造。面对浩如烟海又不断涌现的知识，传统的以知识积累为主的教学和学习方式已经不适合现代教育了。学校要改变教学方式，让学生自主获得知识，培养有能力的人，适应社会、能够掌握自己命运的人，这样的人才能在激烈的社会竞争中更好地发展。

自主学习关注的是学生的主体性和能动性，就是要让学生学会如何学习，是学生实现终身学习与发展的基本要求。作为一种学习能力，自主学习不仅有利于提高学生的学习成绩，而且是其终身学习和毕生发展的基础。《英语课程标准》明确提出，基础英语教学的任务不仅是传授知识，更重要的是让学生掌握学习方法，形成有效的学习策略。然而，我国学生长期以来习惯于被动地接受、背记知识。因此，在当前的教改中更加需要强调鼓励学习者通过体验自主学习，主动发现知识。现代教育理论指出，教师和学生作为教育活动中的两个要件，学生是受教育者，但具有主观能动性，他们不是完全被动地接受教育，要达到预期的效果，一切教育必须影响作用于学生，发挥他们的积极能动性。学校教育应着重培育学生的自主学习能力，为他们的"终身学习"打下良好基础。它要求教师应科学有效地转变教学观念，调整教学方式和行为，贯彻"以人为本"的方针，注重培养学生自觉行为的学习观，把学习的主动权还给学生。同时也要求学生转变传统的学习方法，最显著的特征就是要求学生采用自主学习、合作学习和探究式学习的学习方式。培育学生自主学习能力是时代迅速发展的客观要求，是新课程改革的目标，是实现个体可持续发展的重要前提。

一、培养学生自主学习能力是时代迅速发展的客观要求

现代社会以科技发展为特征，人类科学知识以前所未有的速度剧增，科学技术以空前的规模迅猛发展，学习已经成为人们的终身需要。据粗略统计，人类科学知识的增长，在19世纪是每50年增加一倍，20世纪中叶是每10年增加一倍，而现在则3到5年就增加一倍。

社会已成为学习化社会，学习是人类生存和发展的基本手段。而衡量人才质量的标准不只是知识的多少，更重要的是自主学习能力的强弱。面对科技知识的日益更新和职业要求的不断提高，人们逐渐认识到学校教育的局限性和存在的弊端，认为只有通过终身学习，才能适应竞争日益激烈的就业环境和社会发展。1965年，法国著名教育家保罗·郎格朗首先提出"终身教育"的理念。后来，又提出了"终身学习"的概念。终身学习更强调学生在没有教师指引下的学习，也就是积极主动地自主学习。"终身学习"是在校学习的一种延伸，有助于纠正终身教育只强调"教育"的一面，却忽略学习者自身的努力和进取。现代远程教育是构筑终身学习体系和终身教育的主要教育教学手段，它要求学生具备较强的自主学习能力。在学校教育中，培养学生自主学习能力是时代发展的客观要求。

二、培养学生自主学习能力是新课程改革的目标

新课程改革的根本目标是培养学生的创新精神和创造能力，以学生的发展为本，注重他们的全面的素质的提高。它的显著特征就是学生学习方式的转变，倡导主动参与、乐于探究、勤于思考的学习方式，并由传统的灌输式教育变为创造性教育，让学生成为学习的主人，而教师则是学生学习的组织者、指导者、帮助者。作为英语教师，应首先树立起自主性的现代教育思想，在新课程标准的指导下实行自主性教学，强化学生自主意识，形成创新能力。在未来的基础教育中，自主学习能力既是重要的教育改革目标，也是学生获取知识、发展技能的重要条件和途径。

三、培养学生自主学习能力是实现个体可持续发展的重要前提

面对现代科学技术的迅速发展，"未来的文盲不再是那些目不识丁的人，而是不会学习的人"。学习贯穿于人的一生，对每个人来说都是永无止境的活动。职业的发展、科技的进步，都要求我们必须通过自主学习来不断掌握、更新知识、技能，完善自己的生活。学会学习是每个受教育者获取信息、把握时代脉

搏的重要手段，自主学习能力不足将限制个体的毕生发展。"我们再也不能辛苦地一劳永逸地获得知识了，而需要终身学习如何去建立一个不断演进的知识体系——学会生存"，这是1972年联合国教科文组织编著的《学会生存》一书中明确提出的。这也向教师提出了新的挑战，要求教师更新教育观念，在传授知识的同时，注重教会学生学习策略，注重学生自主学习能力的培养，注重学生新型人格的塑造。随着时代的发展，自主学习具有较广泛的应用空间，它有助于促进个体终身学习模式的构建，是保证个体可持续发展的重要前提。

四、学习者自主学习是现代社会发展的需要，学习者是学习的主体，是学习活动的主人

近几年来，以学习者为中心的教学理论已受到越来越多的重视。《全日制义务教育英语课程标准》（实验稿）指出：初级中学英语教学要有利于学生个性和潜能的发展；课程的设计和实施有利于优化学生的学习方式，形成有效的学习策略，提高自己学习的能力；教师要为学生独立学习留出空间和时间，要鼓励学生积极利用其他学习方法完成任务；要帮助学生独立制订显示个性的学习计划，并根据自我评价不断地保证和调节自己的学习计划。

美国人本主义心理学家罗杰斯在《自由学习》一书中指出："学习者全身心投入其中的自发学习，也就是智力和情感都共同参与的学习，是最持久积极深入的学习"。自主学习指学生有自主选择权（包括学习目标、学习方式、训练内容等）的学习，具有独立地自学探究和主动地与同学、教师交流互动双重特征。因此，自主学习是一个需要学生的智力、情感、合作共同参与的有意义的学习过程。

为了培养学生的自主学习能力，帮助他们学会交往、主动实现学习方式的变革，促进学生情感态度的投入、学习方法的运用和合作精神的养成，使教学成为学生全面发展的舞台，教师必须引导学生主动学习，帮助他们形成以能力发展为目的的学习方式，鼓励学生以体验、实践、讨论、合作和探究等方式，发展听、说、读、写的综合语言技能。

学习者自主学习是现代社会发展的需要。21世纪是一个国际化的高科技经济时代，是一个信息时代、智力与人才竞争的时代。由于科学技术的迅速发展，现代社会信息需求量大，知识更新快，只有通过不断获取知识、更新知识、发展智力，才能满足现代社会发展的需要，在激烈的人才竞争中处于不败之地，否则将

被现代社会所淘汰。这一切需要人们具备终身学习的能力。而培养学生的自主学习能力是发展终身学习能力的基础。

现代教育理念认为，学习者应该是学习的主体，是学习活动的主人。尤其强调学习者的主体作用，强调学习者自主性。因为在师生构成的教学双边活动中，学习者是第一要素，是内因，是学习成败的关键。学生的学习观念、学习积极性、努力程度等是学习成功的基础。当学生对自己的学习承担责任时，会学得更好、更有意义、更持久，也会更注意学习过程。只有学生主动学习、主动认识、主动获取教学内容，不断积累和整合自己学到的知识，构建合理的知识结构和能力结构，培养和发展个人的知识和实践能力，才能促进自己的发展。教师的教相对学生的学来说是外因。外因必须通过内因才能起作用，所以只有通过学习者积极主动的学习才能取得理想的学习效果。

五、外语学习的特点和英语课程标准的内容决定中学英语教学必须培养学习者的自主语言学习能力

外语学习的特点决定学习者应该具备自主语言学习能力。教育的目标之一是使学生成为更有效的自主学习者。语言教学是一种实践性很强的学科，语言知识的传播是外语教学的一个重要内容，但不是唯一的目的，更不能占据外语教学的全部过程。语言技能的掌握主要有赖于学生个体的实践教学效果，主要取决于学生的主观能动性和积极参与性。学生所获得的语言知识、语用技巧、学习策略以及对外语学习特点的认识，都会影响到他们实际语言能力的发展。英语教学在我国属于外语教学而不是作为第二语言教学，由于缺乏应有的语言环境，这就要求学习者只有在课外主动学习、不断实践，才能掌握。而且，课堂教学时间极为有限，教学内容多、信息量大、覆盖面广。因此，老师在课堂上传授的语言知识与技能不可能立即被学生全部掌握，学生需要一个课外自主学习巩固的过程，通过不断地自我操练，尽可能地消化课堂上大量的语言输入。再者，仅靠课堂、教科书上有限的语言输入和操练，远远不能满足学习者真正掌握一门外语的需要。所以，要学好外语，学生必须学会在课后尽可能多地接受目标语的语言输入，寻找更多的使用目标语的机会。

英语课程标准的内容决定中学英语教学必须注重培养学习者的自主语言学习能力。英语学习本身是一个连贯的学习过程，中学英语教学属于基础教学阶段，以传授基本语言知识为主要任务，同时加强语言基本技能的训练。教学目标是听

说读写基本英语，教学内容主要为英语语言知识（基本语音、语法、句法和词汇）。学习过程基本是学习新语言知识阶段，教学模式基本是逐级教学，课堂学时为7-8学时/周，课后学时无明确规定（实际为7-8学时/周）。这就需要教师要帮助学生有计划地安排自己的英语学习，利用一切机会锻炼自己的学习能力，开发学习策略，行使学习的自主权，变被动学习为主动学习。充分利用校内英语自学中心等辅助学习环境进行自学，有意识地把英语学习与日常生活和兴趣联系起来，在教师的指导下学会自己选择最适合自己的学习方法，进行有效的自我监控和自我管理学习过程。

中学英语教学形状决定英语教学必须培养学习者的自主语言学习能力。根据语言教育的要求，语言学习应该是小班教学，班级人数不超过30人。然而，随着招生人数的不断扩大，现在的英语教学班越来越大，有的班已超过70人，一个班级几十个学生，他们的原有英语基础参差不齐，对语言知识的需求不同，而且还具有不同的语言天赋、认知水平、学习风格和情感特征，有些学生表现出对教师的依赖性，缺乏应有的学习方法，自主学习能力比较薄弱。而教师往往难以顾及所有学生的水平与差异进行授课。这样的教学与学习状况导致了相当一部分学生英语学习效率低下，学习成绩不理想。所以教师在教学过程中必须注重培养学生的自主学习能力，使他们学会有效地监控自己的学习过程，提高学习效率。

第二节　提高英语自主学习能力的策略

从我国初中英语教学的现状来看，在初中开展自主学习不仅很有必要而且完全可行。在明确培养学生自主学习能力的目标、原则和内容的基础上，结合实际应努力探索培养初中生英语自主学习能力的有效路径。

一、培养学生自主学习能力的必要性与可行性

（一）初中英语教学中开展自主学习的必要性

自主学习是一种有效的学习方式。在学习活动之前，学生根据自身特点选择和确定学习目标、制订学习计划；在学习过程中对自己的学习状态与学习进程进行监控、修正与调节；在学习任务完成后，对学习效果进行评价、总结和反思。现代社会的知识以前所未有的速度更新，面对日新月异、飞速发展的社会，学习

已经成为人们的终身需要，只有不断地自我发展与提高、才能适应未来的社会。学习不再是学生的"专利"，而是所有人的工作、生活乃至生命的有机组成部分。在教学中，老师不可能传授给学生所有的知识，学校也远远不能满足学生今后生存和发展对知识和技能的全部需要。追求一张文凭和就业不再是教育的最重要目标指向。教育贯穿于人的终生，能充分发挥人的潜能，使人的个性得到自由和谐的发展。所以，学校教育应为学生提供未来独立学习所需的知识和技能，培养他们自给自足、独立思考和自我管理的能力，以及学生的自主学习能力。

新课改后，我国英语教育教学取得显著成绩。但是，从总体上看，我国英语教育水平还不高，仍然没有完全走出应试教育的框架。现行的教学方法仍以讲授式教学法为主，它虽然有合理的一面，但是这种教学方法强调统一步调、统一要求，以教师为中心，往往忽视学生的个体差异，很少让学生通过自己的活动与实践来获得知识、得到发展；使用"一刀切""注入式""满堂灌"的办法解决学生的学习问题，学生"以课堂为中心、以教师为中心和以课本为中心"，学习的主动性与自觉性得不到充分发挥。这种被动、单一的学习方式往往使学生感到乏味，甚至失去兴趣，妨碍了学生智能与技能的发展，已经成为影响素质教育在课堂中推进的一个障碍。课堂教学中，学生与教师的交流很少，教师在讲授的过程中只能一刀切，不知道哪些学生还未听懂、哪些学生早已听懂。以教师为中心的讲授式教学带来的后果是令人担忧的。现实中，有部分学生虽然考试通过了，甚至成绩非常优秀，但距离素质目标还很远。在浅层次中完成从目标到教学再到评价的相关要求，缺失自主学习能力的"高分低能"的学生大量存在，素质教育的深层次目标并未实现。所以，英语教师有责任在初中阶段培养学生的自主学习能力。

（二）初中英语教学中开展自主学习的可行性

初中阶段面临着自主学习能力发展的大好机遇，是学生自主学习能力发展的重要阶段。不论是从生理和心理发展还是学校教学变化来看，在初中英语教学中开展自主学习能力的培养非常可行。

1.初中生在生理方面已经具备开展自主学习能力的相关条件

首先，随着年级的升高，初中生的独立意识不断增强。他们要按自己的方式评价、调控与计划自身的学习情况，不再事事都听从家长与老师的安排和指导。反对家长严加管束自己的学习，也反对在老师自习课上占用自身的自主学习时间。其次，初中生的社会交往能力不断提升。随着年龄的增长，在他们的人际交往中，老师与家长的地位不再是唯一重要的地位，同辈群体成为初中生更多选择的交往对象。有时候他们视同学、朋友比老师、父母更亲密、更加知心，很重视朋友间的情谊，这有助于合作学习的开展。再次，初中生的自我评价能力不断提升。与小学生的自我评价不同，初中生的自我评价能力随认知能力的提高而不断增强，他们的自我评价已由具体性特征向抽象概括特征转变，谋求独立的自我评价，开始想摆脱传统的固化的评价方式。初中生的自我评价比小学生更加深刻。与小学生重视评价行为的结果不同，初中生会比较深入地剖析自身的不足与优点，能初步了解这些优缺点的原因，从而更加全面客观地评价自己的行为。最后，初中生的自我控制能力明显增强，即使外部环境不同，他们也能较好地调控自己的行为。

2.初中生在心理方面已经处于开展自主学习的相关阶段

与小学生处于具体运算阶段不同，初中生的心理认知发展阶段大致处于形式运算时期。处于形式运算阶段的学生，能够离开具体事物的支持来提出假设，进行逻辑推理和命题运算，在头脑中能区分具体的事物与形式；能够合乎逻辑地、抽象地进行思维，对具体事物的依赖逐渐减少；从记忆发展来看，他们增强了有意识记的主动性，能运用策略性手段来增强自己的记忆。初中生的有意识记行为，不论是在学习还是平常生活中都占据了优势地位。不同于小学生依赖家长和教师为自己圈定识记任务与目标，初中生经常主动为自己确立识记目标，并探索有效的方法来完成自己的任务。从心理发展上来说，记忆活动积极性、主动性的提升为初中生的自主学习提供了条件。初中生具有一定独立从事某些行为的能力，能够使用复杂的策略来批判性地阅读、增强自己的记忆；能够了解策略性学习的优势和自发地使用学习策略；能够在学习和问题解决过程中进行认知自我监控。这些能大幅度提升他们的学习自主性和学习成绩。

3.与小学阶段相比，初中生的学校教学环境已有重要的转变

首先，相比小学阶段，初中生的学习活动与课外作业有明显的要求。初中阶段的学习任务与内容大大增多，课堂教学时间的有限性，决定了学生的学习活动必须向课外延伸。其次，初中生的测验和评价标准的提升。许多老师认为对初中生要严格要求，经常测验能够促进他们的自主学习与课外学习。学习测验要求高

了，在一定程度上迫使学生对自己的课外自学提出了更高的要求。学生的课外学习结果也更多地被纳入对学生的成绩评价中。为了应对日益增强的学习挑战，学生需要对自己的课外学习进行习惯性的、经常性的自我管理，这有利于他们的主动思考和自主学习。

二、培养学生自主学习能力的目标、原则和内容

英语自主学习的指导思想是，通过调动学生学习的自主性和发挥教师教学的主导地位，实现学生的主体功能和教师的主导功能的辩证统一，构建民主、平等的师生关系，在英语教学中把学生的个性自主学习和合作学习放到核心地位。

（一）培养学生自主学习能力的目标

1.让学生想学，帮助学生养成良好的预习习惯

通过预习，学生能够树立自己的学习目标，带着问题和疑问进课堂，准备充分的课堂，学习的针对性会极大增强。通过导学，帮助学生掌握重点短语的含义、用法，通过练习翻译句子，训练学生初步使用英语语言的能力；查字典预习生词，掌握单词的发音和词义及运用；通过上网搜索和查阅资料，了解英语国家的经济、政治、文化等情况；了解他们的生活方式、行为举止和待人接物等方面的情况，逐步掌握英语国家的文化习俗。

2.让学生会学，真正落实以"学生为主体"的课堂教学

在班级中确立英语学习小组，人数4到6人为一组，小组可以教师指定也可以自由组合，共同合作学习。首先，进行角色扮演。按照学习内容和主题相关的情景，让学生分别扮演其中不同的角色，学生可以扮演不同的角色——倾听者、指导者、学习者、发音者、记录者等。创设一种真实的情景，让学生有身临其境的感受，来表演对话并自编自演一些对话，鼓励学生运用语言的实践性与创造性，这样有助于学生理解学习内容。其次，实行问题引入。在学生预习中或课堂上发现疑难，可以相互提问和答疑解惑，鼓励他们先去寻找答案，解决困难，而不是一味地等待老师公布所谓的正确答案。当然，老师需要及时答疑点拨，或评价学生的答案。再次，进行技能训练。在教师的引导下，使学生掌握更多的学习技能。如在阅读课堂上，教师可以鼓励学生做一做学习卡片，这不失为记忆单词的有效方法；设计相关的问题，指导学生掌握阅读技巧；进行课堂小结，及时进行学习的自我评价，并确立下一节课的学习目标。

3.让学生善学

学习者的自主性往往体现为善于在学习中发现规律、总结规律，并把规律运用到实践中。教师要引导学生发扬优势，不断摸索适合自己的学习方式，引导学生对自己的教学风格和特点做出有意识的总结，使自己的风格与方式被每位同学所熟知。

4.让学生乐学，名言激志

为了调动学生的学习主动性，克服缺乏自信的心理障碍，可以运用一些名言警句，让每位同学对自己充满信心，对学习充满热情，认识到自身的重要价值。

（二）培养学生自主学习能力的原则

培养学生自主学习能力应坚持和谐的师生关系原则、学生主体性原则、多样性原则、活动性原则。

1.和谐的师生关系原则

在英语教学中，应当树立平等的师生观、主导观，建立和谐平等的、新型的师生关系。教师既具有主导性，又具有辅助性。在一种和谐宽松的学习氛围下，教师要为学生创设自主学习的最佳环境，坚持信任、鼓励、支持、尊重、理解、启发。既发挥学生的主体性，又调动他们的能动性、自主性。

2.学生的主体性原则

尊重学生的人格，在英语课堂上力求每个学生都能充分地展示自己的才华。要使学生真正成为学习的主人和主体，就必须相信学生都具备巨大的学习潜能，调动他们学习的积极性和主动性。

3.教学的多样性原则

采用各种各样的学习活动方式，多向交流互动，扭转当前枯燥的、千篇一律的英语课堂教学组织形式。

4.学生的活动性原则

为努力探索学生在课堂中的活动实践，英语教师要尽量激发学生学习的求知欲和兴趣，调动他们的主动性和积极性，开展有意义的、学生乐于参加的实践活动。

（三）培养学生自主学习能力的内容

初中生英语自主学习能力的培养应坚持教材为主、校本为辅，明确分课时和单元目标，坚持多种形式的评价机制，确立学习方法，明确自主学习的进度、时间、空间。

1.坚持教材为主、校本为辅的学习内容

在学习内容坚持以教材为主的基础上，鼓励出版更多针对分层教学而配备的校本教材。为了实现自主学习的目标和任务，鼓励学生根据自身的需要选择课外书，坚持创造性地使用这些资料。

2.明确分课时和单元目标

首先是知识目标。列出读、说、听要掌握的但不要求写的三会单词，以及听、读、说、写都要掌握的四会单词；只要求听、说的两会单词和一会单词即看到能认识并知道其意义；列出并了解重点句型。其次是能力目标。在听力上，能根据所听材料确定大意和中心思想，能提取有效的信息来完成学习目标。在说的会话上，能把所学知识运用于实践，进行演讲、角色扮演、全英语会话等形式的小组讨论。在读音上，能用正确的语音和语调朗读单词、句型甚至课文，掌握单词重音、句子重读等规律。在写作上，能模仿课文写一篇100字左右的作文，切题并且格式正确，书写规范，语句通顺。最后是情感目标。设计一系列活动，让学生体验典型角色和现实的生活，使他们获得更多的真实感受，陶冶他们的情操。

3.坚持多种形式的评价机制

为了创设知识共享的氛围，有利于形成同学之间的互帮互助和团结协作的精神，每节每单元都要有教师的评价、学生的自我评价和小组的评价。

4.确立学习方法的指导

不同学生的知识水平相差较大，需要确立不同层次的学习方法的指导。指导低层次的学生，要从最低要求出发，重点落实知识点；为达到最佳学习效果，应鼓励高层次的学生多表现，综合比较多种方法，落实一种最适合自己的学习方法；中间层次的学生，要注意指导他们的思维方式，拓展他们的发散思维和知识领域，形成最佳的学习方法。

5.明确自主学习的进度、时间、空间

在各个环节的教学设计中，以"学生自主学习"为特征的课堂教学，要求教师都要留有每个步骤的起始时间，在预习栏目中，给学生上网搜寻的时间；在课堂授课板块中，有预习讨论、互相讨论、小组交流、自做练习、互评答案和课堂总结等环节。

三、培养学生自主学习能力的路径探寻

（一）培养学习兴趣，激发英语学习动机

兴趣是人们爱好某种活动、力求认识和探究某种事物的倾向。学习兴趣是直接推动学生进行学习活动的最实际的内在动力，具有鲜明的定向性和动力作用。激发学生兴趣的首要因素是学习者认为学习活动对其有真正的价值。一旦学生认为英语很重要、很有使用价值，他们的内在兴趣就会增强，学习英语的动机也会随之增强。缺少学习兴趣的学生前进的推动力不足，很难取得满意的成绩。不论在初中低年级还是高年级阶段，英语教师的首要任务都是培养、激发学生的学习兴趣。在教学方式方法上，教师应该创设良好的课堂教学氛围，运用学生喜闻乐见的教学手段，让学生喜欢英语老师和英语课堂。联系古今中外刻苦成才的真实事例，对学生进行学习态度教育；紧密联系当前形势，对学生进行学习目的性教育；联系生活实际，让学生在亲身交流中感受英语的乐趣，尽可能地为每位学生提供展示自我的机会。

兴趣能使学生拥有饱满的精神、高昂的情绪和强烈的求知欲，如果这种学习兴趣能转化为学习动机，必能增强学习效果，促进学生全面发展。教师要利用各种教学手段，让学生享受成功、感觉愉悦。为培养学生学习英语的兴趣，应在课堂教学中注入情感教育，设计丰富多彩的课堂活动，让学生喜欢英语课；推荐学生在课外阅读英语名著，用外语写出自己真实的读后感；用小组比赛竞争的方式，举行单词拼读和句子翻译比赛、教材知识点讲解比赛、翻译课文比赛等活动，激发学生课外自学；使用多种教具，创设各种情境，利用多媒体鼓励学生积极参与丰富多彩的英语世界；利用抢答或打擂台的活动让学生讲解练习题，引导他们自己去探索答案；激励学生多说、多用英语，成绩不好的学生只要取得一点进步就给予奖励，这样能激发他们的成就感、增强自信心。他们的学习主动性和求知欲越强烈，我们预期的目标越容易达到。

（二）重视"自主学习"教育环境的创设

师生关系融洽与否会直接影响学生的学习积极性、认知活动效率和克服困难的意志。和谐师生关系的基础是相互尊重、平等、关心、理解、信任、宽容，它往往有很多表现。一方面，学生信任、尊重教师，积极配合老师的课堂教学；另一方面，老师热爱和关心学生，对学生持接纳、肯定态度。现实中，学生学习语

言的欲望有时受到"师道尊严"的压制，妨碍了他们学习的主动性和创造性。因此，英语教师必须重新审视"严师出高徒"的古训，树立与学生平等、相互尊重的理念，走到学生中间去，给学生一种亲近感，善于捕捉学生的闪光点，让他们在尊重中得到信心，在肯定中获得激励。

英语教师要给学生营造交际氛围和激发他们的交际兴趣，积极利用、创造情景组织课堂教学，尽量提升他们运用英语的能力。利用多种现代化的教学手段，多媒体辅助教学选用的音像资料、图片要有知识性和趣味性。学生若能感受轻松真实的教学气氛，就容易注意力集中地学习，从而提高学习效率。轻松、活跃的课堂氛围，有利于激发学生的参与热情，使他们体验到成功的愉悦与兴奋。为了更好地培养学生眼、脑、耳、手、口的能力，激发学生的学习兴趣，教师在教学单词和句型时可采用听、说、写、视等各种方法。事实证明，这种多感官结合的方法有助于刺激学生更加集中注意力，使他们以极大的热情参与到教学中来，从而达到提高教学效果的目的。另外，教师还要有意识地安排师生之间、同学之间平时交流和问候尽量使用英语。通过英语架起双边互动的桥梁，来增进了解和加深友谊。使同学之间、师生之间建立起和谐平等的关系。

（三）培养学生的自主学习意识和自主学习精神

1.注重培养自主学习、刻苦钻研的习惯

如在完形填空题型的练习中，我们特别重视习惯的培养。此题型难度大、要求高，是一种测试学生语言水平和实际运用语言能力的综合性题型。它不但可以培养学生的创造性思维能力，而且能客观地反映出学生所具备的基本技能。在它面前是知难而进还是知难而退？是持之以恒，还是半途而废？当然应该像重视学生智力、技能一样，对他们严格要求、严格训练。只有这样做了，才能取得实质性效果。

2.注重培养学生坚定的意志品质

在探索过程中，困难、挫折在所难免，只有具有坚定的意志品质、百折不挠的奋斗精神，才能在学习实践中有突破性创新。只有具备锲而不舍、坚韧不拔的奋斗精神的人，才会探究到底、进行创造。

3.注重自控能力的培养

在自主学习的过程中自控能力的强弱，将直接影响自主学习的效率和效果。促使学生形成较强的自控能力，学生在学习上就会产生很强的内驱力，有利于学

生学习潜能的发挥，有利于学生素质的全面提高。

（四）加强学习方法和学习策略的指导

学习策略指在学习情景中，学习者为达到一定的学习目标而进行的学习方法的调用和学习过程的调控，它是学生的认知策略在学习中的一种表现形式，是一种在学习活动中思考问题的操作过程。加强这一方面的辅导，讲究学习方法和学习策略，目的是帮助学生尽快学会自主学习，提高学习效率。

众所周知，学生的学习过程是一种运用学习策略的活动。无论是知识的掌握、问题的解决，还是要学会学习，都得运用一定的学习策略。掌握科学的学习方法和学习策略是培养自主学习能力、提高英语学习效率的关键。在培养语言技能和学习语言知识的过程中，教师应根据学生的个体环境、性格、学习经历和风格等方面的差异，采取不同的学习方法和学习策略。鼓励学生互相交流经验，取长补短，加强学习方法的指导，引导学生找到适合自己的有效学习方法。研究表明，在使用学习策略方面，成功的学习者与不成功学习者差异较大。成功的学习者了解自己的学习过程，他们学得比较快也更有积极性。一般而言，他们比不成功学习者更频繁地使用学习策略。根据英语学习的总体目标，教师应指导学生明确自己的短期学习目标。短期学习目标可以是每天的学习目标、周学习目标或月学习目标。学生的短期学习目标要因人而异、切实可行，过高或过低的目标都不利于发挥他们的学习积极性和主动性。英语基础较好的学生目标可以高一点，基础较差的学生主要是补课，掌握基础知识。

（五）建立科学的评价体系

传统教学评价的目的就是为学校选择最好的学生，教学评价的主要功能就是分别鉴定，通过评价把学生分成三、六、九等，让分数最高的学生能享受到最好的教育。长期以来，包括中考、高考在内的考试评价用分数划分学生的等级，给学生身心发展带来了很多不利的影响。这种考试制度往往培养了少数成功者，却造就了大批失败者，违背了教育的初衷，也违反了人的身心发展规律。当前，随着社会对教育的本质和人的价值有更多的认识，人们越来越深刻地认识到教学评价的功能和目的。教学评价有利于学生的成长和发展，能为学生创造最好的教学服务。素质教育对教学评价提出了更高的要求，真正的教学评价要有利于改进教育教学，使越来越多的学生接受越来越好的教育。

1.自我评价

学生在学习过程中依据评价标准对自己的学习和行为进行的评价即自我评价。为了使学生评价自己的行为与学习更客观有效，各项评价标准的制订就显得相当关键，他们可以评价标准为根据，对自己的行为进行评价。例如，在讨论优秀作文时，可以先让学生以小组形式评价优秀范文，随后进行独立的自我评价，发现自己的问题所在和优秀之处。针对学生的需求与弱点，教师可以适时调整自己的教学计划，根据自己的弱点，学生也可以调整学习目标。可见良好的自我评价可以提升课堂教学效果。

2.互相评价

依据评价标准，在教学过程中以学习小组为单位，学习者之间对学习效果、过程及条件所做的评价为互相评价。互评能听取他人的评论，可以相互学习，有利于培养学生良好的合作意识。在互评过程中，让几个学生评一个学生，每一个评价者为这个学生的学习行为写出优缺点以及改进的建议。相应地，根据老师与同学的评语，被评的学生要写一个自己对评语的理解和总结，并确立自己的改进目标。学生的互评也需要老师提供范例，让学生可以充分理解互评的标准和要求，让他们在相互评价中学会诚实、信任、公正地对己和对人，从而实现评价的目的。

3.教师评价

学生的自评和互评，都必须与教师的评价结合起来。在对学生进行评价时，教师要示范评价的方法，帮助学生自评，检查学生的互评工作，引导他们定期修改目标，上升到高的层次，并给学生提供指导意见。教师给学生的评语要具体、有针对性，包括表扬和提醒两个方面。教师应该及时把评语写在学生的作业本上，让学生在订正时有明确的指令。

4.合作评价

在教与学的评价中，教师和学生一起关注学生的成长。及时的评价既给学生也给教师提供了教学效果的反馈，学生得到肯定，有了新的努力目标；教师得到课堂评价，改进教学策略，有针对性地指导学生去学习。同时，家长在教育评价中的主体地位不容忽视。因为家长既是教育活动的直接参与者，也是教育结果的重要责任者。随着独生子女的增加，家长对子女的发展十分关注。他们不仅关心学校和教师对子女的评价，而且直接对子女做出经常性的评价。家校及时沟通、默契配合，将有利于学生的进步成长。

（六）教师教育观念的转变和学生学习方式的改变

1.教师要转变教育观念

首先，教师必须把握教学方向。教师运用自主学习教学模式，实现学生主体作用和教师主导作用的最优化的组合。这就要求教师确立学生的主体地位，明确学生是教学的中心。教师的职责在于"引路"，应把以前设计"教师如何教"转变为设计"学生如何学"。其次，教师必须重视理念更新。运用自主学习教学模式要求教师实施民主化课堂教学，努力寻求和创设一种民主、平等、融洽、和谐的课堂气氛，真情爱护、平等对待每一个学生。要以积极的态度和发展的眼光去看待学生，相信每个学生都有巨大的发展潜能，让学生心情舒畅地接受知识。实行自主学习教学模式要更新现行评价思想，从先前看重学业考试结果的传统评价，转向既重视学业结果又重视学生的思维品质、学习习惯、学习方法等过程的评价。再次，教师必须加强师德修养。实践自主学习教学模式不是给教师减负，而是更多地挤占了教师的时间。教师必须怀着对学生、学校和对社会高度负责的崇高使命感，把自己的时间和精力更多地奉献给教育事业，与学生交朋友，把学生培养成具有丰富个性和完美人格、适应社会需求的全面人才。教师在教学过程中要牢记自己的职责，不要过多地纠缠某些钻牛角尖的问题，而应采取灵活的方法，引导学生的思路，把教学进程迅速领到正轨上来。最后，教师必须重视知识更新。开放式的自主教学模式向教师提出了更高的要求，需要教师时刻更新自己的知识储备。一方面，教师要采取诚实、平等的态度，勇于承认自己的不足，虚心好学，与学生共同讨论、共同研究，从而达到教学相长；另一方面，教师要树立终身学习的理念，经常充实自己、努力学习，及时了解现代科技信息与知识，尤其要关注初中语言教学改革的动态。

2.学生学习方式的改变

长期的传统教学，使相当多的学生形成了一种不良习惯：我来学校读书，就是要听老师讲课，"老师讲，学生听"，让我自主学习，那为什么来学校读书？这些学生在学习上有很大的依赖性。受传统教学模式的影响，他们被动学习，在惰性支配下怕吃苦、怕动脑，一心只想吃"现成饭"，单纯施行"拿来主义"。如果不克服这些不良习惯，转被动接受式的学习方式为自主式学习方式，那么，自主学习是无法展开的。

（七）培养创新能力，开发创造潜能

培养学生的创新能力，开发学生的创造潜能是自主性教学模式的核心。它是用已有的知识去分析、研究问题，找出解决这些问题的新途径、新方法、新结论，因此教师在进行教学设计包括学习目标的确定、学习过程的安排、问题角度的设计、练习题型的精选时，要有利于创新、培养和锻炼学生的创造性思维能力。在教学过程中，教师不仅要指导学生获取知识，还要善于引导学生敢于怀疑、敢于提问、敢于发表与他人不同的见解。这样，他们的创新意识就会树立起来，创新能力也会不断提高。

第十二章　初中学生英语学习兴趣的培养

第一节　初中生英语学习兴趣

一、初中生英语学习兴趣

1.含义

初中生英语学习兴趣是指初中阶段学生渴求学习英语知识的心理倾向。英语学习兴趣是在英语教学活动中产生的积极倾向，它是影响英语学习效果的重要因素之一。英语学习兴趣是学习主体（学习者）指向一定客体（英语学习）的一种自我活动。

2.学习兴趣对初中生英语学习的重要性

美国心理学家的相关研究表明，兴趣比智力更能够促进学生的学习。学习兴趣在初中生的学习中发挥着重要的作用。

与学习兴趣相对应的是良好的学习态度和情感，有浓厚学习兴趣的学生，会比那些兴趣不足或者完全没有兴趣的学生投入更多时间。对于外语学习，这一点尤为重要。初中生学习英语，如果仅仅是因为考试而被迫学习，或者出于外部压力而学习，学习的效果往往会大打折扣。即使用功学习，学习的劲头也是暂时的，学习的动力会随着压力的消失而逐渐减少。教学中如果能够激起学生的学习兴趣和情感，就会提升学生学习的积极性和主动性。根据笔者的课堂观察和科任教师的描述，学习兴趣浓厚的学生上课能够认真听讲，主动地模仿和练习，有问题也会主动地寻求解决方法，而兴趣不足的学生往往不能集中注意力，态度消极，对英语感到厌烦。初中生外语学习的效果主要取决于学习时间、学习动力和学习方法，而这三个方面都会受到学习兴趣的影响。因此，我们要将英语教学与学生的需求和兴趣关联起来。当英语教学能够吸引学生的时候，他们也会表现出更多的兴趣。基于需求与兴趣的英语学习，能够最大限度地激发学生的学习效率。

二、学习兴趣与学习动机的区别与联系

通过对中国学者和外国学者所著心理学与教育心理学方面书籍的文献研究，不难发现一个有趣和奇怪的现象，几乎所有中国学者的专著当中都会有一章来特别阐述"兴趣"这个概念，而国外作者则不一样，他们研究得更多的是"动机"这个概念。

我们普遍认为，动机是一种促使人们产生特定行为的内在驱动力、情感或欲望。它是激励人们从事某种活动的内部心理因素，如意图、愿望等内部动因。学习动机就是促使个体产生学习行为的主观意图。学习动机能够促进学生的学习，使学习者拥有明确的学习目标。

学习兴趣是人的心理倾向，而学习动机是特定学习行为的内驱力。学习兴趣是学习动机的一个重要心理因素。学习兴趣可以转化为学习动机。反过来，学习动机的类型影响和决定学习兴趣。出于内部动机的学生，对英语学习有直接兴趣；出于外部动机的学生，更多的是对英语学习的结果感兴趣，是一种间接兴趣。

三、初中生的学习特点

初中阶段的学生正处于青春萌动期，此时，他们的人格正在形成，生理和心理的发展非常迅速，同时表现出发展不平衡的特点。由于处在过渡时期，他们时而成熟，时而幼稚，既具备独立性，也有依赖性，内心世界错综复杂。受智力、性格、环境等各方面因素的影响，他们在学习中也表现出一些显著特点。

初中生的感知能力和观察能力比小学生更敏锐，他们不乏求知欲和探索精神，能够独立自主地完成某些学习活动。他们的兴趣很广泛、思想比较活跃、敏感，不像成年人那么保守，他们总是别出心裁和标新立异，有着强烈的创造欲望，积极投身于创造性活动中，不论是学习还是生活，都表现出丰富的创意。

初中生仍然保留着强烈的好奇心，经常对课外信息非常关注。比如，漫画、科幻小说、流行音乐、运动和上网等，都不可避免地吸引着他们的眼球；痴迷于足球、明星或某些其他领域，也是他们突出的表现。总之，周围的任何事物都可能吸引他们的注意力，对课内学习的注意只是其中一个方面。如果兴趣太过广

泛，就会分散其学习方面的注意力，不利于他们的认知发展。而初中阶段正是学生身心发展的关键时期，所以，教师有必要引导学生将课内外兴趣结合起来。

初中生的学习兴趣具有表面性和短暂性。比如，我们在访谈中发现，有的学生之所以喜欢英语课，是因为英语课堂比其他学科有趣，可以做游戏、看电影、听歌等。其实他们并不是关注英语语言本身，只是对课堂形式感兴趣，有可能出现的情况是，课上热热闹闹，课后全部忘掉，这绝不符合教师的教学目标。这种现象正是由于学生对英语的学习兴趣停留在表面，持续的时间不长，没有内化为对英语的需求，因此，培养学生真正的学习兴趣非常重要。

初中生的学习兴趣具有不稳定性。观察发现，他们有时候能够长期集中于某项学习任务，有时候则不然，很快就会产生不耐烦的情绪。他们对不同学科的学习兴趣也表现出一定的差异性，很多学生喜欢某一学科的同时讨厌另一学科，原因则可能是多种多样的。

总之，初中阶段是青少年成长与学习的关键时期，特别是对于英语这门语言来说，这个阶段的学习非常重要，是今后英语学习的基础，因此，初中英语教师要充分认识和利用学生的学习特点，培养学习兴趣。

四、初中英语学科的特点

英语的重要性不言而喻。初中阶段英语学科就是一门基础性学科，它不同于数理化，因为它是一门语言；它也不同于语文学科，因为它是外来的。作为语言学科，英语包含丰富的知识，记忆性与实践性并重。学习英语需要记忆大量的单词、短语搭配、时态、句型和各种语法规则，以达到熟练运用的地步。这就体现在它的应用性和实践性上，作为国际通用语言和交际工具，英语是广泛使用的。我们要会说英语，与人交流。现在很多信息和知识都是以英语为载体的，掌握英语就掌握了更多的知识。

英语具有新异性和人文性。汉语承载的是中华民族几千年的历史文化，英语则是另一种语言体系，体现的是西方国家的文化，表现出很大的新异性。英语的发音、语调、语法、词汇、表达方式等方面对初学者来说完全是陌生的，与我们的母语有很大的不同。由于它的背景文化，我们学习英语不仅仅是学习语言，还要了解英语国家的文化。英语的表达方式都具有一定的文化内涵，我们所学的英语文章更是囊括了西方国家的风土人情、习惯习俗、文化历史、地理状况、社会政治经济生活、教育等方面的信息，让我们能够理解世界其他国家的多元文化。

学习英语的过程其实就是扩大学生知识面和提升文化素养的过程。英语学科的学习往往要求我们转换思维模式，站在文化的高度，这无疑增加了英语的难度。

初中英语课程目标主要包括语言知识、语言技能、情感态度、学习策略和文化意识五个方面。初中阶段就是要着力提高学生听、说、读、写的技能，并在此基础上培养学生的理解能力和表达能力，使学生能够独立用英语获取信息和解决问题。

初中英语课程的基本理念如下：强调课程的基础性，强调课程对学生终身学习和发展的基础作用；强调课程适应学生个性发展的需求；强调改变被动学习现状，优化学习方式，主张积极参与，着眼于培养学生终身学习的能力；强调英语课程在学生整体人文素养形成中的积极作用；强调课程应关注学生情感，强调英语与其他学科课程的有机结合。

英语课程的最终目的除了要让学生掌握英语知识和形成运用英语的技能，还应致力于培养学生正确的价值观、积极的态度和丰富的情感。因此，我们要在课堂教学中有机地渗透情感、态度和价值观的教育，使其贯穿于整个教学过程中，成为课程教学的灵魂。这就需要宽松民主的学习环境和学习氛围，并要求教师关注学生内心感受，联系学生实际，提高学生在英语学习过程中的主动性和自信心，引导学生独立思考、分析和判断，在与他人合作、沟通和交流中发展自身的语言能力、跨文化理解和交际能力。

第二节　培养初中生英语学习兴趣的途径

一、情感教育——形成正确学习动机

（一）形成积极的学习价值观

作为英语教师，有必要让学生形成正确的、积极的学习价值观。正确的价值观能够引导学生的学习行为。只有让学生深刻地意识到英语作为一门语言、一项技能、一个工具的重要性和必要性，才能激发学生的学习热情与兴趣，并付诸实际行动。一方面，教师要利用学生对英语的直接兴趣，通过广泛的英语趣味性材料，突显英语文化的魅力，吸引学生的注意力；另一方面，教师还可以通过实际案例告诉学生，学好英语对其未来工作与发展具有重大价值，英语是未来社会必

不可少的交际工具，以此来加强学生对英语的间接兴趣。

值得强调的是，我们要正确看待素质教育与应试教育的关系，不能让学生形成"为考试而学"的价值观念，要引导学生从自身成长与发展的角度看待问题，在英语学习过程中保持正确的态度和动机。不少教师报怨，反复强调与说教，却还是无法取得较好的效果。其实，通过实际案例、视频音像资料等方式，让学生亲眼看到或亲耳听到，往往更加有效。

（二）构建民主和谐的师生关系

观察和访谈结果表明，对任课教师的喜爱程度会影响学生对这门课程的兴趣，初中生个体中普遍存在这种现象。有了兴趣，学生就会自觉学习，不管是否出于讨好老师的目的，总是能够取得令人满意的学习效果。由此可见，良好的师生关系也是培养学生英语学习兴趣的前提。

关注差生，公平对待所有学生是一名合格教师必备的品质。虽然口号喊得响亮，但有多少老师能真正做到这一点呢？重视个体差异，因材施教，为学生制订个性化发展方案，是我们可以在教学中实施的。教师在教学过程中要及时奖励，给予学生反馈，并且不吝啬鼓励的话语，经常表扬学生，能够增强学生的自信心，也让学生信任教师，产生正向的积极情感，将注意力转移到学习上来。当学习取得一定成效，教师也要及时鼓励，这样学生也会再接再厉，提高学习兴趣，争取更好的学习成绩，从而形成良性循环。和谐的师生关系有助于学生从心理上接受教导，端正学习态度。学生喜欢英语老师，就会愿意甚至喜欢上英语课，有助于培养学生的英语学习兴趣。

教师教学应注意学生的情感态度。情感态度指兴趣、动机、意志和合作精神等影响学生学习过程和学习效果的相关要素。保持积极的学习态度是英语学习成功的关键。教师在教学中应不断激发并强化学生的学习兴趣，并引导他们逐渐将兴趣转化为稳定的学习动机，以使他们树立自信心，锻炼克服困难的意志。教学不仅是传授知识的过程，也是师生情感交流的过程。良好的情感教育能够激发学生的内部学习动机，也能促使部分学生的外部学习动机转变为内部动机。在正确学习动机的引导下，形成稳定的英语学习兴趣。

二、情境激趣——创设英语学习情景

情境教学近年来非常流行，它的做法就是在教学过程中有目的地引入一些具体生动的生活场景，调动学生学习的积极性，并完成规定教学目标，促进学生发展。情境教学法广泛地适用于各个学科，在新课改推进的过程中受到众多科任老师的青睐，特别是英语学科。由于英语学科的特殊性质，它是一门语言，也是外国文化的载体。语言的学习必然要涉及对话的具体场景，这为情境教学提供了最大的便利条件。而情境教学的实施也符合新课标对于培养学生综合语言运用能力的要求，在很大程度上训练了学生的口语，提高了学生的语言交际能力。

情境教学能够激发学生非智力因素的作用，引起学生兴趣，也能够创设良好的语言学习环境，形成积极的课堂学习氛围。创设情境，提供模拟的真实语言环境，增强学生的情感体验，在听和说的过程中更好地理解语言知识。情境学习为师生互动、生生互动创造了条件，使学生不再局限于词汇语法学习，感受英语情境当中的乐趣，每个学生都在情境中有全新的体验。

另外，我们知道，作为英语教学的重点和难点，语法知识的学习必不可少，它是学生理解语言、使用语言的基础。调查显示，让学生丧失英语学习兴趣的主要原因是枯燥的语法知识和练习。其实，语法教学的目标不仅仅是语法规则本身，还有培养学生使用正确的语言形式进行交际的能力、运用英语的能力。因此，语法教学最好能够与有意义的英语语境结合起来，以具体的情境、真实的任务或实际活动为媒介，让学生利用情境亲自实践语法规则，在使用语言的过程中学习语言，既能提供说英语的机会，也能增加学习兴趣。

在进行情境教学的过程中，教师需要充分利用现代多媒体技术和设备，通过各种图片、音像、视频资料的展示，创设丰富多彩、形象生动的外在情境，吸引学生兴趣；也可以组织具体的真实情境，让学生自导自演，快乐地学习英语知识。通过多媒体，教师可以把单调的语法、词汇、语句语段和抽象的英语语言生动化、具体化和形象化，吸引学生注意力，快速培养其学习兴趣。例如，学生在学习单词的时候，教师可以用语句来展示单词，并通过画面来呈现语句，用动作来表示动词，用实物、模具或静态画面来表示名词，并辅之以手势和表情，使教学情境化，以此来满足学生的好奇心和求知欲。

三、活动教学——形成交互式课堂

活动教学就是通过设计师生共同参与体验的活动，让学生在活动中学习与发展。由于初中生的身心特点，他们对各种活动都表现得非常积极。利用学生的兴趣点设计学生喜欢的教学活动，则更能引起他们的兴趣，形成师生互动、生生互动的交互式英语课堂。

交互式英语活动包括课内活动和课外活动，活动形式可以多种多样，由教师根据教学目标进行预先设计。比如，演唱英文歌曲，观看英语视频，编对话，角色扮演，做游戏，猜谜语，讨论，辩论等等。针对枯燥的词汇教学，教师可以设计适当的游戏形式，激发学生兴趣，如调换字母顺序组成新词，lots/lost，meat/team，send/ends，state/taste，等等。丰富的教学活动设计，能够给予学生听觉、视觉和感觉上的新奇刺激，使他们积极地参与其中。为了保持学生的兴趣，在一堂课上教师可以围绕学习的主题设计两到三个活动，但一定要注意活动之间的连贯性与衔接性。

合作学习是活动教学中经常使用的方法。班级活动、小组活动、两人活动都需要学生之间的相互配合与帮助。教师在选择活动内容的时候，不能太难，也不能太简单，最好是根据学生的不同层次选择不同内容。在不同小组内进行分层教学，通过学习不同的学习材料，完成不同层次的教学任务，获得知识，完成目标。另外，在交互式课堂中，教师要帮助学生掌握适当的学习方法，并尽量在课外学习中使用。适当的课外活动也有利于学生兴趣的形成。比如演讲比赛、唱歌比赛、英语角等活动形式，都非常受欢迎。课外活动的设计、组织与实施完全可以交由学生自主完成，这是一种课内教学活动的延伸，学生在使用英语的同时，也自主演绎了课内的学习方法，获得成功体验。课外活动与任务的布置也应该因人而异。根据课堂的分组情况，分配能力范围之内的学习任务。

成功的英语课堂应该是全员参与，大家都有事做。所以，组织活动教学的一个非常重要的原则是，创造积极、轻松、愉悦的氛围，让学生在开放的学习氛围中自主参与和体验，发挥个体的主观能动性，从而保证活动教学的实际效果。同时，我们要让学生在活动中体验成功的快感，增强英语学习的自信。

四、文化熏陶——挖掘教材文化内涵

不同的语言反映不同的文化，文化承载着语言的特色。现在，文化教学的理念越来越深入人心，英语教学越来越注重文化的熏陶作用。虽然初中生大多对英语教材本身不感兴趣，但他们对教材之外和学校之外的事物往往兴趣十足。教师应该大胆地让流行文化走进课堂，充分利用英语国家的文化资源，对学生进行美的熏陶。比如，结合国内外的大事件或者某些学生喜欢的明星来进行新课导入，既可以开拓学生的视野，也可以发挥这些素材的文化意义。

在教学中进行文化知识的渗透，不仅体现在语言交际上，也体现在词汇和语法上。可以说，英语的学习离不开文化背景知识的介绍，在教学中导入文化内容，让学生了解两种文化的异同，增强对文化差异的敏感度，养成一种跨文化意识。

英语教材一般都渗透了西方国家的文化，任何一个知识点的背后都有相应的文化知识和背景。作为教师，要善于挖掘教材资源，利用教材中的每一个细节信息，展开交际对话。这个过程正是引起学生兴趣的过程，文化的新异性比知识点本身更能够吸引学生的注意力，由文化的渲染引出英语知识的讲解，一定程度上丰富了教学内容和教学过程，学生也更易接受。

文化熏陶主要体现在教学内容上，这就要求教师充分挖掘教材的文化内涵。如何进行文化熏陶呢？教师可以通过英文歌曲和电影、西方传统节日来展示西方国家的文化特色，或者给学生放映一些英语原版电影，欣赏古典或流行英文歌曲，并组织学唱他们自己喜欢的简单英文歌。这些素材都是外国文化的载体，能够培养学生对外国文化的兴趣。在教师的引导下，英语文化和英语知识相互转化，相互促进，既满足了学生的兴趣需要，也能够完成规定学习任务，两全其美。

教师本身首先要对教学内容感兴趣，才能通过自己的方式演绎外国文化的内涵，进而培养学生的兴趣。如果连教师对所教的内容都不感兴趣，那么学生自然也没有兴趣学习了。因此，教师在利用教材资源、组织教学过程中扮演了非常重要的角色，教师对教材文化内涵的解读也必然影响学生的学习。教师要综合考虑学生身心特点和生活环境，找到教材文化与学生实际生活的结合点，就能更加充分地发挥文化的辅助教育作用。

用文化来吸引学生，在教学中引进文化的渲染作用，不仅形成和培养了学生兴趣，也为英语学习奠定了文化基础，有助于学生综合语言运用能力的培养。

结束语

英语语言教育的重要性不言而喻，它不仅是一种全球通用的交流工具，更是打开世界文化宝库的钥匙。而在英语语言教育中，阅读能力的培养更是重中之重。良好的阅读能力不仅能提升学生的语言水平，更能在一定程度上培养学生的思考能力和创造力。因此，探讨英语语言教育与阅读能力培养的路径具有非常重要的现实意义。笔者认为，英语语言教育与阅读能力培养的优化策略如下：

（一）英语语言教育的优化策略

在英语语言教育中，教师需要关注教学策略的优化，以提高英语教学的质量和效果。首先，教师应注重激发学生的学习兴趣，通过多样化的教学手段和内容，让学生感受到英语学习的乐趣和价值。其次，教师应注重培养学生的语言运用能力，通过开展各种语言实践活动，让学生在实际运用中提高英语水平。此外，教师还应注重培养学生的自主学习能力，通过引导学生自主学习和探究，让学生掌握英语学习的技巧和方法。

为了实现这一目标，教师可以从以下几个方面入手：

（1）创设英语语境，激发学生的学习兴趣。教师可以利用多媒体、游戏等多种方式，为学生创设真实的英语语境，让学生在语境中感受英语的魅力和价值，从而激发他们的学习兴趣。

（2）注重听说读写技能的全面发展。在英语教学中，教师应注重听说读写技能的全面发展，通过多样化的教学手段和内容，让学生全面提高英语水平。

（3）注重学生的个体差异。每个学生都有自己的特点和优势，教师应关注学生的个体差异，根据学生的实际情况制订不同的教学策略和方法，以满足不同学生的需求。

（二）英语阅读能力培养的策略

英语阅读能力培养是英语教学的重要组成部分，为了提高学生的阅读能力，教师可以从以下几个方面入手：

（1）注重阅读材料的选取。教师应选取适合学生阅读水平的阅读材料，包括各种体裁和题材的文章，如故事、科普、文化、时事等，以丰富学生的阅读体验和阅读素材。

（2）培养学生的阅读技巧和方法。教师应引导学生掌握正确的阅读技巧和方法，如快速阅读、略读、寻读等，以提高阅读效率和准确性。

（3）开展阅读实践活动。教师可以组织各种阅读实践活动，如阅读分享会、阅读比赛等，让学生在实践中提高阅读能力。

（4）注重学生的情感态度。在阅读过程中，学生的情感态度对阅读效果有着重要影响。教师应关注学生的情感态度，鼓励学生积极思考、大胆表达自己的观点和想法。

英语语言教育与阅读能力培养是相辅相成的。通过课堂教学改革、课外阅读拓展、技巧指导以及定期评估等路径，我们可以有效地培养学生的英语阅读能力。这不仅能提高学生的英语水平，还能培养他们的思考能力和创造力，为他们的未来发展打下坚实的基础。在实施这些路径时，我们需要充分考虑学生的个体差异和需求，因材施教，才能取得最佳的效果。同时，我们也需要不断探索新的教学方法和策略，以适应时代的发展和学生的需求。

参考文献

[1] 王萍.基于单元主题拓展的初中英语阅读教学[J].中学课程辅导，2024（4）：3-5.

[2] 张亚琴，张俊.分层教学模式在初中英语阅读教学中的实践研究[J].中学课程辅导，2024（4）：51-53.

[3] 李沛东.初中英语非虚构类文本阅读教学策略探究[J].中学课程辅导，2024（4）：81-83.

[4] 何小丽.思维导图在小学英语课堂中的应用研究[J].甘肃教育研究，2024（1）：119-121.

[5] 郝芯.基于单元整体的小学英语低年级绘本阅读教学[J].学园，2024，17（6）：61-63.

[6] 张利萍.小学英语生态型课堂教学路径规划[J].教育，2024（3）：85-87.

[7] 黄晨曦.核心素养下小学英语教学评一体化创优路径[J].教育，2024（3）：111-113.

[8] 高云.小学英语语音教学的有效性提升策略[J].小学生：下旬刊，2024（1）：37-39.

[9] 张倩倩.巧妙运用体态语优化小学英语教学[J].小学生：下旬刊，2024（1）：22-24.

[10] 樊文晶.情景体验式教学模式在小学英语教学中的应用[J].小学生：下旬刊，2024（1）：40-42.

[11] 许晶晶.小学英语课堂教学中体验式教学的有效运用[J].小学生：下旬刊，2024（1）：85-87.

[12] 许研.培养学生文化意识的初中英语阅读教学实践[J].中学课程辅导，2024（3）：123-125.

[13] 姚赛君."双减"背景下小学英语高学段课后作业管理研究[J].教师博览，

2024（3）：44–46.

[14] 黄娴.新课改下优化小学英语教学的策略研究[N].科学导报，2024–01–19（B2）.

[15] 唐扣娟.基于"教学评一体化"的小学英语单元整体教学[J].江西教育，2024（3）：79–80.

[16] 庄婷婷.小学英语学科德育的价值意蕴与实践路径[J].教学与管理，2024（2）：41–44.

[17] 许位燕.基于学习活动观的初中英语阅读教学设计[J].新教育，2024（2）：33–34.

[18] 吴蕾蕾.基于多层思维发展的初中英语阅读教学提问设计[J].试题与研究，2024（1）：4–6.

[19] 李琴琴.初中英语阅读教学中提升学生文化自信的策略[J].中学课程辅导，2024（1）：72–74.

[20] 李旭娟.主题意义探究下的初中英语阅读教学[J].第二课堂：D，2023（12）：47.

[21] 雷蕾.提升初中英语阅读教学有效性的五项策略[J].读写算，2023（36）：95–97.

[22] 龚爱月.初中英语阅读教学中层级设问的实践探究[J].校园英语，2023（51）：6–8.

[23] 刘豆军.多媒体在小学英语教学中的应用策略与思考[J].中国新通信，2023，25（24）：215–217.

[24] 赵云梅.探究信息技术背景下小学英语单元整体教学[J].中国新通信，2023，25（24）：218–220.

[25] 谢逸羚.单元整体视角下的小学英语作业设计[J].华夏教师，2023（35）：57–59.

[26] 于小川.基于学习活动观的本科小学英语教学论实训课程的教学实践[J].黑龙江教师发展学院学报，2023，42（12）：101–103.

[27] 陈宇豪.核心素养视域下中小学英语课堂教学目标预设与达成[J].英语广场，2023（34）：124–128.

[28] 汪萍.初中英语写作能力培养的策略[J].中学生英语，2023（24）：55–56.

[29] 庄琰.如何在初中英语写作教学中培养学生的思维能力[J].中学生英语，2023（10）：77-78.

[30] 龙娅.初中英语教学中学生写作能力的培养[J].校园英语，2023（7）：127-129.

[31] 马秋凤.浅谈初中低年级英语写作能力的培养[J].中国多媒体与网络教学学报：下旬刊，2022（10）：242-245.

[32] 朱莉.初中英语写作教学中培养学生批判性思维能力的策略[J].校园英语，2022（35）：181-183.

[33] 张丽华.初中英语教学中学生学习兴趣培养策略研究[J].学周刊，2022（22）：16-18.

[34] 陈瑞英.浅谈初中生英语学习兴趣的培养[J].中学教学参考，2022（13）：28-30.

[35] 舒晓燕.初中生英语学习兴趣培养路径探析[J].基础教育论坛，2021（28）：51.

[36] 黄苏娟.培养和维护初中生英语学习兴趣的方法探究[J].读写算，2021（18）：113-114.

[37] 赵长芹.浅谈培养初中生英语学习兴趣的方法[J].中学课程辅导：教师教育，2020（19）：29.

[38] 马青玲.初中生英语学习兴趣的培养探讨[J].校园英语，2020（20）：151.

[39] 金炳菊.初中生英语学习兴趣培养策略[J].课程教材教学研究中教研究，2020（3/4）：43-44.

[40] 石新玲.初中生英语学习兴趣的培养策略[J].新课程研究，2020（8）：101-102.

[41] 李娟.探究如何培养初中生英语学习兴趣[J].中学生英语，2020（8）：68.